秋言——著

打不骂，让孩子

自觉写好作业

苏州新闻出版集团

古吴轩出版社

图书在版编目（CIP）数据

不打不骂，让孩子自觉写好作业 / 秋言著. -- 苏州 ：
古吴轩出版社，2024. 9. -- ISBN 978-7-5546-2434-0

Ⅰ．G78

中国国家版本馆CIP数据核字第2024LV0673号

责任编辑：李　倩
策　　划：仇　双
装帧设计：尧丽设计
版式设计：林　兰

书　　名：不打不骂，让孩子自觉写好作业
著　　者：秋　言
出版发行：苏州新闻出版集团
　　　　　古吴轩出版社
　　　　　地址：苏州市八达街118号苏州新闻大厦30F
　　　　　电话：0512-65233679　　　邮编：215123
出 版 人：王乐飞
印　　刷：水印书香（唐山）印刷有限公司
开　　本：670mm×950mm　1/16
印　　张：11
字　　数：110千字
版　　次：2024年9月第1版
印　　次：2024年9月第1次印刷
书　　号：ISBN 978-7-5546-2434-0
定　　价：46.00元

如有印装质量问题，请与印刷厂联系。010-89565680

前言

打开作业本，半天才写不到一行字；没写几行，不是要喝水就是上厕所；抠完橡皮削铅笔，总有搞不完的小动作；看电视比谁都积极，一提上学就头疼、肚子疼；粗心马虎能找五花八门的理由，下次照样少个小数点……

孩子呈现的这些外在表现形式，追根溯源是缺乏学习内驱力。教育的本质不是教会孩子背一篇文、解一道题，而是唤醒孩子的学习能力、点燃孩子的学习热情，并让这份能力和热情给孩子带来归属感和价值感，让学习成为孩子自发自主的事情。

那么，如何不监督、不发火，能让孩子主动学习，自觉写作业呢？家长不妨读读本书。

本书旨在激活孩子的学习内驱力，让孩子发自内心地爱上学习，自觉写作业，家长不操心，切实解决"孩子写作业，家长气吐血"的一系列问题。在本书的陪伴下，孩子将会变得更加自信、自律，他们会在学习中找到乐趣，并享受成长的过程。这不仅能解决孩子写作业难的问题，还能帮助孩子养成良好的学习习惯，使家长不再为孩子的学习问题而烦恼。

快来翻开这本能够激发孩子学习兴趣的魔法书，它将引领您和孩子一同踏上一段奇妙的学习之旅。

目 录

附 录 高效的学习方法

第一章

无效陪写正在毁掉
孩子学习的内驱力

家长陪写作业的六大误区

《小学生写作业压力报告》显示，我国91.2％的家长有过陪写作业的经历，其中78％的家长坚持每天陪娃写作业。然而，在这样庞大的陪写家长人群中，有很多人却会陷入以下陪写误区。

 误区一：陪写等于看着写作业

很多父母会说，"我不看着，根本别指望他会主动写作业"。

事实上，看着是一种监视行为，是家长不相信孩子自己会主动写作业的一种制约手段，反映出来的底层情感是不信任。

当孩子感受到来自父母的不信任，他首先会被沮丧和紧张的情绪占据，真正分摊到写作业的心思很少，那么你就会发现这个孩子写作业的时候小动作不断，磨蹭，一问三不知，刚讲过的题转头就忘。

真正的陪写一定不是指监视，而是帮助孩子做好规划，引导他们自主完成作业。

 误区二：唠叨对孩子写作业有帮助

有些家长在陪伴孩子写作业的过程中，总是无法控制自己的情绪，不断地对孩子无休止地唠叨。一会儿提醒孩子坐姿要端正，一会儿又强调要认真写字，一会儿又批评孩子粗心大意，总是有说不完的话。无休止地唠叨不仅会让孩子感到非常烦躁，还会分散他们的注意力，从而影响他们的学习效率。

家长应该学会适时地闭嘴，让孩子在一个相对安静的环境中学习，这样才能真正帮助他们提高学习效率。

 误区三：不停地数落孩子

一个九岁孩子的妈妈说，最近跟儿子的关系因为写作业已经恶化到了冰点，她只是问一句"作业写完了吗"，儿子就摔东西、砸门，面对这种情况，她已经不知道如何正常跟儿子交流，因为她甚至不能提"写作业"这三个字，一提就会接收到儿子爆发式的反馈。

在这位妈妈的描述下，我们看到的是一个脾气暴躁的问题少年。

然而事实并非如此。

少年还是那个少年，辛苦上了一天班的妈妈回到家，看到正在看电视的孩子，问他："作业写完了吗？"

"还……还没有，妈妈。"

"没写完还有心思看电视，你就是这么读书的？"

又是一天回到家，不等妈妈问，孩子高兴地说："妈妈，我作业写完了，所以才看电视的。"

"天天就知道看电视，写完了不会多检查几遍吗？明天的功课预习了吗？成天就知道玩，将来能有什么出息！"

要是妈妈回家的时候孩子还在写作业，妈妈就数落孩子磨蹭，作业这么晚还没写完。

于是某一天，当妈妈再问作业有没有写完的时候，孩子砸了手机，转身进房间，一脚踢上了门。

妈妈或许还在疑惑孩子怎么突然这样了。

其实，孩子每一个呈现的表象，都是沉淀在内心世界的心理反馈，长时间的言语打击，让他得不到积极情绪注入，心里就会憋屈苦闷，久而久之，他只能用自己的方式向外界表达他的不满。

这个妈妈其实也不是天生爱数落别人，只是工作了一天又忙又累又受气，回到家就会不自觉地言辞不善。

家长切忌把工作情绪带到家里，否则可能无意间就会对孩子造成心理伤害。

误区四：暴躁发火、情绪崩溃

家长群里一句话广为流传："不写作业，父慈子孝；一写作业，鸡飞狗跳。"真不是家长天生暴躁，实在是和孩子的思维不在一个频道，就像鸡同鸭讲、对牛弹琴。

一道题讲一遍不会，家长还能笑着说："宝贝，那妈妈再给你讲一遍。"讲两遍、三遍还不会，家长就会火气上蹿。当十几遍讲下来，孩子依旧不会做时，家长就会控制不住自己，手拍桌子，指着题目吼道："说了多少遍，小明先走半小时，小强的出发时间要减去三十分钟！"

"可是，妈妈，小明为什么不等小强一起走呢？"

已经掌握某种技能的人，总会觉得这是常识，那也是常识，无法体会未知者要理解这个技能的痛苦。对于成年人来说，"1+1=2"毋庸置疑，但对于孩子来说，需要不断理解才能明白。

越是辅导低龄的孩子写作业，家长暴躁发火的概率越高，因为这个阶段的孩子学习的内容比较基础，带回家的作业相对简单，这时以家长的知识储备量应对孩子的作业，简直是小儿科，家长从而产生高高在上的优越感，认为孩子"怎么这么简单就是不会""教了这么多遍怎么还学不会"。

家长陪写作业，控制不住暴躁发火、情绪崩溃，真的是因为孩子太笨吗？

有没有可能是家长教得不好？没有告诉孩子"1"是什么，上来就讲"1+1=2"。

暴躁发火的家长或许需要反思是否自我优越感太强。试着站在孩子的知识层面看待问题，能平息大部分怒火。

 误区五：以培养独立性为名放手不管

培养孩子独立写作业并不意味着对孩子的学习完全放手不管，独立性之所以需要培养，就是因为孩子还不能独立自主地去做这件事。英国哲学家亚当·斯密认为人的本性是懒惰的，努力学习完成作业是违反人性的。克服懒惰的过程，需要动力和毅力才能完成。

没有一个孩子是天生爱写作业、不爱娱乐的，在他还没有找到学习和写作业的兴趣，没有养成独立自主完成作业的习惯的时候，家长如果对孩子写作业放手不管，孩子会更加放飞自我，只想玩乐，然后导致学习困难、成绩下滑，找不到学习的乐趣，形成恶性循环。

培养孩子的独立性不意味着完全放手不管，从"管"到"不管"

需要方法和时间来过渡。

误区六：帮孩子检查作业

月月是一名三年级的小学生，每次完成作业，妈妈都会帮她检查并纠正她所有的错误。但随着时间的推移，月月的成绩却下滑了，因为考试时没有人帮她检查试卷上的错漏。

家长帮孩子检查作业会让孩子失去自我检查、反思的机会，让孩子不能对自己的学习成果有所了解，时间长了，还会让孩子产生依赖心理。

孩子未来的路很长，陪写作业只是其人生中短暂的一段旅途，家长不要陷入陪写误区。了解陪伴的真正目的，让孩子健康成长，助力他成为更好的自己，才是为人父母的初心。

孩子学习的内驱力到底有多重要

孩子的内驱力源于热爱，可以通俗地理解为孩子内心主动想要的需求。而父母监督孩子学习、催吼责骂的行为会直接毁掉孩子的内驱力。

 唤醒内驱力，孩子才会主动想要学

真正懂教育的家长，只会维护甚至捍卫孩子的内驱力，但90%的家长更习惯运用外驱力逼迫孩子服从。

小明的妈妈认为弹钢琴的孩子很优秀，就给小明买了钢琴，请了老师，花费了大量精力和金钱在挑选钢琴和聘请优秀教师上。小明开始尝试学习弹钢琴，但觉得很辛苦、很难，学不会，便不想学了，妈妈觉得："我为了你变得更优秀而费心费力，你遇到一点点困难就怕苦怕累，对得起我付出的心血吗?!"于是催吼、责怪小明不用心、不努力，使得小明越来越讨厌弹琴。

小丽的妈妈带小丽去参观"小小钢琴家"主题演出。小丽看到台上的小钢琴家指尖在黑白琴键上飞扬，演奏出动人的旋律，台下观众的赞叹和响起的掌声让小丽由衷地羡慕，她也想成为这样优秀的小钢琴家。学习弹琴的过程无疑很辛苦，但种在心里的种子已经生根发芽，小丽愿意为此努力坚持。

这就是外驱力和内驱力的差别，前者是压迫，后者是自发。聪明的家长会先带孩子推开一扇门，让孩子自己欣赏门外的风景。

孩子喜欢的可能是苦思冥想后终得出答案的成就感，或父母在旁一个肯定的眼神，但绝对不会喜欢父母的责怪和埋怨。

父母越是想掌控，就越容易失控

当你与孩子都埋头于他的学习这件事情时，你想掌控得越多，孩子掌控得就会越少，而掌控力意味着自主权，孩子的自主权无形中被剥夺，本该是他的学习，在他的意识里却变成了为你学习、被逼迫写作业。

再好玩的游戏，失去了自主探索的乐趣、通关的成就感、即时的奖励，也会变成枯燥的负担，更何况学习。如果非要横插一脚，动辄打骂，无异于亲手毁掉孩子学习的内驱力。

孩子的学习内驱力到底是什么？是孩子自主学习的原动力。孩子拥有内驱力，才能保持积极的学习态度，激发学习兴趣，更加热爱学习，认识到学习的重要性，并在学习的过程中找到自我价值和乐趣。

激发孩子学习的内驱力，形成良性循环，是培养孩子自律性、责任心、自信心和独立性的基础，也是培养孩子独立、自主、高效地完成作业的好习惯的第一步。

陪伴是为了最终可以不陪

常常听到家长说:"陪着孩子写作业到底有没有用?好像除了起到监督他完成作业的作用,并没有别的帮助,自律、自主学习的孩子永远是别人家的……"

 陪伴的意义远不止于监督

陪伴孩子写作业并非仅仅监督他们完成任务,而是一种全面的教育过程。通过陪伴,家长可以发现孩子的优点和不足,从而有针对性地进行教育,帮助他们养成良好的学习习惯。

当孩子养成了良好的学习习惯之后,这时家长就可以逐渐减少陪伴的时间,甚至在某些情况下可以不再陪伴孩子。即使家长不陪伴,

孩子也能自主高效地完成作业。这就是陪伴的真正意义所在，即为了最终可以不陪。

有的家长会说："我工作太忙了，实在没有空辅导孩子写作业，怎么办？"

没时间也有没时间的陪法。比如，制订学习计划表，利用奖惩措施来激励、约束孩子，等等。再忙也能抽出一部分时间来为培养孩子良好的学习习惯打基础。

养花、养草都需要施肥浇水，有需要天天浇水侍弄的百合、水仙，也有浇一次水管一个月的仙人掌，只要给予足够的养分，总能长成一株好草、一朵好花，一点水都不想浇那花草就只能枯萎。成年人的世界可能残酷而辛苦，确实很多家长工作忙得不可开交，但以此为理由忽视孩子的成长并不可取。

当我们看到别人家的孩子表现出色时，往往会感到羡慕。然而，我们也要意识到，别人家的家长在背后付出了大量的时间和精力。只有通过家长的辛勤付出，才能收获一个能够独立自主、面对各种挑战的孩子。

培养一个具备自主能力的孩子，不仅仅需要孩子的努力，更需要家长的坚持和智慧。

陪伴孩子成长的过程，实际上是一个充满各种挑战和考验的旅程。有些家长在面对挑战时，常常会表现出焦虑和无奈的情绪，这些情绪在他们的言谈举止中显露无遗，甚至有时候会不自觉地传递给孩子。

家长需要明白，孩子并不是生来就具备各种技能和知识的，他们需要通过教育和引导来逐步成长和进步。

在教育孩子的过程中，家长应该保持耐心，给孩子足够的时间去探索和学习，而不是一味地施加压力，制造出压抑的氛围，让孩子感到畏惧和不安，从而影响他们对学习的兴趣和积极性。

我的女儿一岁左右的时候，脾气很暴躁，也很好动，每次坐在餐椅上吃饭都会扭来扭去，稍不留神就会从将近一米高的餐椅上跌落。吃饭的时候总是把食物撒得到处都是，脸上、手上全是黏糊糊的残渣，头发丝也惨不忍睹。每次吃饭就跟打仗一样，等她吃完，大人、孩子都要洗个澡才行。每每如此，和我一起带娃的孩子姥姥就会说："不如我来喂省心，孩子吃得也多。"

今天我们可以手把手把饭喂到她嘴里，明天、后天呢？我们喂不了一辈子，如果希望她吃饱，就必须把吃饱的技能教给她，让她以后无论身处何种境地都可以依靠自己"吃饱"，而不是靠别人"喂饭"。

只有一遍又一遍地面对一地狼藉，坦然接受她学习吃饭这个过程中制造的麻烦，教她正确地握住勺子，将勺子里的食物送入口中，她才能学会自己吃饭。

如果从一开始就想着省心，那孩子该在什么时候学？你又期望她什么时候学会呢？

是去亲戚家，看到别人家两岁的孩子安静地坐在餐椅上专心吃饭，亲戚在一旁和你谈笑风生，丝毫不用操心"孩子不好好吃饭"这个问题，然后你回到家里，看到自己三岁的孩子还要追着喂饭，顿时心生抱怨，立马要求孩子自己吃饭并且安静乖巧吗？

培养孩子任何一个习惯都不可能一蹴而就，父母从一开始就要清楚，自己到底对孩子有什么样的期望，又需要做什么来帮助孩子达成自己的期望。

我们究竟想要一个什么样的孩子？我想，应该是一个具备自主能力的孩子，吃饭也好，写作业也好，都不是希望孩子吃饱这一顿饭、写好这一次作业就可以了，而是希望他们能够学会做这件事，有自主学习的意识和能力。

想要让孩子从什么都不会逐渐成长为一个能够自主处理各种事务的孩子，这需要一个长期且耐心的陪伴过程。陪伴的方式至关重要。孩子主动参与某项活动，必然是因为这个过程给他们带来了快乐。也就是说，家长在陪伴孩子写作业时，要妥善管理自己的情绪，营造一个轻松愉快的环境，这样孩子才会愿意主动参与其中。

教育的最终目标是让孩子能够自我教育，不再依赖于外界的指导和监督。这与陪伴孩子写作业的初衷不谋而合。家长陪伴孩子写作业并非长久之计，而是为了让孩子在成长的过程中逐渐学会自我管理、自我激励，最终能够独立自主。

在陪伴的过程中，家长需要不断地调整自己的角色，学会放手。最初，家长可能需要手把手地教孩子如何握笔、如何阅读题目、如何思考问题。但随着孩子能力的提升，家长的角色应逐渐从"教练"转变为"顾问"，最后成为"观众"，在孩子需要时提供支持和鼓励，不再需要事事亲力亲为。

第二章

激发兴趣——搞定孩子不想写

自觉写作业的动力是自主感和价值感

　　心理学将人的行为动机分为内在动机和外在动机，它们都与个体行为和情感密切相关。在实际生活中，内在动机和外在动机对个体的行为和情感有着不同的影响。其中，内在动机是指源于个体内部的驱动力，如兴趣、好奇心、成就感和自我实现等。这种动机通常与个体的自我认同和价值观紧密相连，能够激发持久的热情和创造力。例如，一个热爱运动的孩子，即使没有外界的奖励和认可，也会因为内心的热爱而坚持运动。内在动机能够使孩子在面对困难和挑战时表现出更强的韧性。

保障孩子学习的自主权

认真观察过孩子的家长，往往可以发现这样一个现象：爱探索其实是每一个孩子的天性，他们从一出生就带着好奇心渴望探索眼前的世界，从眼睛看到光亮，分辨颜色，到手部敏感期喜欢尝试去摸、抓住某个物体，都是他们主动探索的过程。

孩子对感兴趣的事物产生的那股较真儿的劲儿，比很多大人都要专注得多。

还记得我送过一幅拼图给好友的女儿，第一次看她玩拼图的时候，我以为她根本无法将这么多细碎的零件组合成完整的图案，因为我作为一个大人，想要拼出这样一幅完整的拼图，都需要先进行分类、识别，再组合，这个过程非常考验耐心，对于她这样一个好动的三岁多的小孩来说，难度太大，我觉得至少需要大人帮助，她才能完成拼图。

但是正好那天我和好友在商议她的新画展出的活动流程，没时间陪孩子拼图，就让孩子一个人先玩。其间，我去客厅倒水时路过孩子的身后，看到平时调皮捣蛋的孩子竟安安静静地坐在那儿拼了快一个小时，我想，就算拼不完整，这份较真儿的劲儿也值得夸奖了。

将近三个小时，我们聊完事情回过头来关注孩子，才发现她的拼图已经接近尾声，好友惊叹："我以为她玩困了，自己睡着了，没想到还在拼图！"

等孩子终于独自完成拼图，她像炫耀战利品一般展示给我们看，还跟我们分享她的心得。

她坐在地垫上差不多三个小时，对于一个孩子来说，应该会觉得很累了，但她还兴致勃勃地表示，她想挑战另一幅更大的拼图。

我们可以从很多例子中发现，孩子天生爱探索，特别是对于那些能引起他们兴趣的事物。好奇心引领他们在不断实践、验证的过程中去质疑、去解决，最后取得成果，并珍惜这份成果且引以为豪。

在教育孩子的过程中，为什么很多家长会觉得崩溃、无奈，甚至到了孩子一写作业母子矛盾就不可调和的地步呢？

我们试着倒推一下，我们跟孩子沟通某道题怎么写、为什么会写错、为什么写得慢等一系列问题的时候，不如先聊聊为什么孩子需要写作业、孩子想不想写作业。

答案往往是对学习没兴趣，不想写作业。

我们在日常生活中面对孩子不配合的情况，普遍的处理方式是威逼利诱。比如，孩子不愿意写作业，我们用家长的权威要求他必须写作业，或循循善诱地告诉他这是他的任务和责任，或警告他要是不写作业会得到什么样的后果，等等。

要知道，孩子主动写作业是需要动力的，需要有一个让他愿意完成写作业这件辛苦差事的驱使力，也就是我们说的学习内驱力。

美国心理学家爱德华·L. 德西和理查德·M. 瑞安做过一个关于研究学生在学校中的自主学习行为的实验。他们将学生分为两组，一组有自主选择学习任务和时间的权利，另一组则要按照规定的学习任务和时间进行学习。结果发现，自主选择组的学生表现出更浓厚的学习兴趣，学习成绩也更好。这说明自主需要的满足可以提高学生的内在动机和学习效果。

此外，德西和瑞安通过研究还发现，当外部环境对个体的自主需要产生威胁时，个体可能会产生消极情绪和反抗行为。

可见，激发孩子学习内驱力的第一步，是保障他的自主权，让他有权参与决定自己的学习规划。

当孩子在学习过程中拥有一定的自主权时，他们会感到更有兴趣和动力去探索和掌握知识。这种自主权不仅体现在选择学习内容和方法上，还体现在设定学习目标和评估学习进度上，从而在学习过程中获得更多的满足感和成就感。

 帮孩子找到学习的价值感

价值感对于孩子的重要性则更容易理解。无论是生活还是学习，在其过程中感受到自己所做的事情是有意义的、有价值的，才会使孩子更加积极、努力地去完成这件事。

让孩子在学习过程中感受到自己的价值，这样他们就会自然而然地产生一种自发的、持久的学习内驱力。这种价值感可以来自老师、家长的肯定、赞扬，同学的认可、崇拜，以及自我实现的成就感。其中，自我实现的成就感是强化个人价值感的最重要来源。

"陪娃宝典"：有效陪写的三大行为

　　万千家长陪孩子写作业的初衷是让孩子更好地完成作业，但大部分家长却找不到正确有效的陪伴方法，绞尽脑汁琢磨、学习如何跟孩子相处，却在陪孩子写作业的过程中互相折磨、相看两厌，逼得家长恨不得把孩子提起来揍一顿，又躲不过深夜里自责、懊悔，一度怀疑自己是不是精神有问题。

　　陪写作业看似是每一位家长都可以胜任的工作，但很多家长只是看起来在陪孩子写作业而已。如果你的目标是让孩子的作业写得又快又好，那不妨转变一下思路：不是我逼迫孩子把作业写得又快又好，而是要让孩子自己主动写得又快又好。

　　最终回归到这个话题：如果希望孩子自己主动，他首先得对学习有兴趣；要想让他对学习有兴趣，就得让他从学习中获得自主感和价值感。

那么，家长日常在陪孩子写作业的过程中，哪些行为可以有效帮助孩子获得这些情感呢？主要有以下几种。

 归还权利，孩子才有主动学习的积极性

让孩子参与制订学习计划，拥有自主掌控学习进度和方向的权利，给予孩子一定的对自我规划的自由度和选择权，不强制他们按照家长制订的计划进行学习，是孩子获得主权意识的重要来源，也有助于培养孩子自主感和自我管理能力。

一个朋友是全职妈妈，一心扑在孩子的教育问题上，对孩子事无巨细，事事操心。孩子每一次考试后，她都会让孩子再写一遍试卷，以强化错题记忆；给孩子布置的额外作业也看似很合理。但是，孩子的成绩却从原来的中上游逐渐下滑到下游，孩子还越来越不服管教，甚至和她对着干。

朋友跟我哭诉："真是不知道要怎么教育他了。以前还挺听话的，不知道怎么就变得越来越叛逆。这一个星期他没有主动跟我说过一句话，问他什么事情，他最多应一句'嗯''哦'，根本不愿意跟我交流。你可以帮我问问孩子怎么了吗？你说的话他听得进去。"

我单独问孩子："你为什么不想跟妈妈说话呢？"

他思考了一会儿，说："我没有不想跟她说话，我说什么她都不听，我想做的事情她也不让做，说了又有什么用？"

"那我很好奇，你现在想做什么事情呢？"

"什么事情都可以吗？我想跟子轩去学校的足球场踢球，我上周跟他约好了，但是妈妈说我作业没写完，不让我去。"

"那如果你现在全力以赴写完作业，来得及去踢球吗？"

"没用的，我写完今天的生字，妈妈肯定会加算术题的。她就是不想让我去，只要是我想做的事情她都不同意。"

通过一个下午的沟通，我从孩子的嘴里获取了一个关键词——剥夺。他觉得自己的时间都用来学习，根本没空做自己想做的事情，他被剥夺了自由，就连写作业先写哪道题目后写哪道题目，都被安排好了。

我看着贴在书桌前的学习任务安排表，密密麻麻地写着每个时间段需要完成的作业内容，不是那种每周或每月更新的计划表，而是每天更新的——妈妈通过班级群获取老师布置的家庭作业内容，然后根据作业内容安排完成顺序和时间。

朋友说，光是每天安排好这些作业就要花费二十分钟，她都是按孩子的学习习惯和写作业速度做的规划，是最适合他的。

作为妈妈，她认为没有人比她更了解自己的孩子。

但是孩子不这么认为。我们换个角度去看待这个问题：我们日常工作的时候，希望被领导这样安排工作吗？甚至临下班时给你新增个任务，完不成不让回家，你会做何感想？

在工作中，如果我们可以充当决策者，或者至少有参与决策的权利，比如，决定手上的项目由谁来配合完成，时间进度如何安排，哪天该见客户，什么时间段适合静下心来写报告，等等，那么就意味着被赋予自主权，间接增强了个人的责任感，更容易自我驱动完成任务，并且可以在其中找到成就感和价值感。而没有决策话语权，单纯被命令的那一方，则不会对项目有归属感，只是充当工具人，完成任务而已，任务完成得好坏对自己的影响也不大，之所以要去完成，也只是因为这是上级的指令，如果不执行会受到相应的惩罚。

有决策权才能找到归属感，才会认为这件事是自己的事而不是被推着走。孩子写作业也是一样的道理，家长可以引导孩子参与对作业做安排规划的过程，但不建议直接代替。

归还权利，让孩子参与生活、学习的决策，有利于孩子自己发现生活、学习上的新问题。当孩子觉得自己的事情可以由自己决定，他才有自觉主动去做的意识，即内驱行为觉醒，与此同时也能锻炼孩子的组织规划能力。一个长期拥有自主感的孩子，通常可以对当下的事项产生更强的归属感和使命感，这种情感，无论是对于孩子现在的学习还是未来的事业都是强大的助力。

不打扰孩子的学习进程

你是否也有过这样的行为：孩子待在房间里正写作业，你担心孩子上了一天课，是不是渴了、饿了等，于是时不时地端个水果进去，热杯牛奶让孩子抓紧喝了；又或是看着孩子写作业，一看孩子写错了，赶紧提醒孩子改正……

千万不要打扰孩子的学习进程！当一个人在专注地做某一件事的时候，最重要的就是集中注意力，一旦被打扰，就需要花费更多时间重新进入学习状态，导致学习效率大打折扣。另外，这也不利于专注力的培养。每一位合格的家长，都应该知道专注力对个人成长的重要性。

如果担心孩子的生理需求是否得到满足，可以将水果、牛奶或点心安排在孩子写作业之前，这样既能让孩子在写作业前获得松弛感，又能让孩子感受到父母的爱护之情。

其间，不管孩子是写错了题还是粗心漏了字，都不要当时纠正，让孩子有一个安静的独立完成作业的空间，这样才能保护孩子的专注力、培养孩子的独立性。

给孩子营造良好的学习氛围

在远古时代，人类是群居动物，相互合作、相互支持以维持生存繁衍。人类进化史决定，我们天然惧怕孤独，正如刚出生的婴儿总喜欢寻求妈妈的怀抱，听到妈妈的心跳声就觉得安心一样，长大一点的孩子也会通过别的方式寻找安全感。比如，我们经常看到有的孩子会通过制造动静或故意捣乱，吸引父母的注意力，让父母立刻放下手上的事情，转过头来看一看他。这也是孩子想要获得父母的关注和陪伴的一种方式，因为潜意识里害怕孤独，所以他们会试图博取关注，以此减少内心的恐惧与紧张。

很多家长正是明白这一点，所以不管多忙都尽量抽空陪孩子写作业，但真正能起到陪伴作用的陪写，并不是孩子开始写作业，我们大人往旁边一坐就行了。

孩子在写作业的过程中感到孤独并不是因为一个人待着，而是完成作业这件事。对于孩子来说，这仿佛是一场需要独自翻山越岭的战役，且在过程中很难立刻获得成就奖励，需要足够的耐心和毅力去坚持。这个时候，任何人都希望能拥有一个盟友，可以共同作战，而不是孤军作战。

当然，作为孩子的盟友，我们不能直接帮他们完成作业，但我们应该尽量避免在他们学习时制造干扰。

试想一下，孩子在努力学习、认真写作业的时候，家里的其他人却在看电视，发出阵阵笑声，或者沉迷于短视频，将那些带有背景音乐的视频的声音开得很大也不自知，孩子是什么感受呢？

孩子在面对巨大的学习压力时，看到大人在一旁轻松地玩手机，这种强烈的反差无疑会让他们感到坐立难安。手机里有吸引人的视频、有趣的游戏，无论是从视觉还是听觉上，手机的诱惑力都远远超过了枯燥的作业。在这种情况下，让一个年幼的孩子如何能够专心致志地完成作业呢？

托尔斯泰曾说过："全部教育，或者说千分之九百九十九的教育都归结到榜样上，归结到父母自己的端正和完善上。"所以，家长应该为孩子营造良好、正面的学习氛围，尽量减少在孩子学习时制造干扰，比如关掉电视、调低手机音量，甚至可以和孩子一起学习，成为他们的榜样。

通过这些具体的行为，家长可以向孩子传达一个明确的信息：学习是重要的，家人会全力支持你。这样，孩子在学习时就能更加专注、更加自觉，从而养成良好的学习习惯。

找到"管"与"不管"之间的平衡点

近几年有类似这样的新闻：父母对孩子的学习管教过度严厉，把孩子逼抑郁了。

但是在该树立规矩、培养好习惯的年龄阶段，不加以管教，又如何让孩子树立正确的人生观、价值观？

如何在"管"与"不管"之间找到一个平衡点，做到正确引导、适度管教，是所有家长都渴望解决的问题。

不少父母从心理上很容易把孩子当成自己的附属品，对孩子有一种天然的掌控欲，通常在语言上体现为："我这都是为了你好！""你要不是我孩子，你以为我想管你?!""我吃过的亏不想让你再吃一遍，你就听我的吧！"

诸如此类的话一出口，便将孩子置于一个被动和服从的地位，孩子一旦反驳，就会被谴责得体无完肤。每个人都有追求独立自由的意识，孩子也不例外，当他感觉心理上不舒服却又不知如何反驳的时候，表现出来的就是和大人产生矛盾和冲突，最显著的呈现方式就是对抗管教。

失去对子女的控制权，对于那些控制欲强烈的家长来说是不能接受的。所以，在孩子反抗时，他们往往会采取更为严厉的管教措施。强制手段似乎总是奏效，因为孩子尚未具备独立生活的能力，不得不依赖父母生存，因此他们不得不放弃反抗。然而，孩子可能会转而采取表面顺从、暗中抵制的策略，这是过度管教带来的潜在负面后果。

"不管"似乎就容易多了，孩子爱干什么就让他干什么，家长秉持事不关己，高高挂起的心态，任孩子自由生长。虽不能说这种教育方式是错误的，但不适用于99%的孩子，在正常情况下不被约束的人性都是自由而懒惰的，指望心智尚未成熟的孩子逆人性去自律、去勤快，不如先问问我们做家长的能不能做到下班后不玩手机，早睡早起。大部分家长的答案是否定的吧?

管教孩子势在必行，关键的问题在于管教的尺度。管得多了，担心影响孩子的心理，使其变得逆反;管得少了，又担心孩子无法养成好习惯，未来堪忧。因此，我们需要寻求"管"与"不管"之间的平衡点。

在学习方面，我们提倡"三管、一不管"的原则。

三管

"三管"主要包括以下内容。

 管习惯

培养孩子养成良好的学习习惯，是每一位家长都应该重视的。这些习惯包括但不限于独立自律、有原则、讲规则、自我反省以及专注。拥有这些好习惯，孩子将终身受益。

比如，独立自律让孩子在没有父母监督的情况下也能自觉完成作业，培养出自主学习的能力；专注则让孩子在学习过程中能够全神贯注，不受外界干扰，从而提高学习效率，更好地掌握知识。

当然，习惯的养成并不是简单地对孩子提出要求就能实现的。这是一个需要长期积累的过程，必须不断地练习，才能将良好的习惯内化为本能。

在培养孩子习惯的过程中，每位家长都可能会遇到挫折和困难。比如，当孩子迟迟无法改掉不良习惯，或难以养成良好习惯时，家长可能会变得情绪化。我们必须清楚地认识到，责骂孩子仅仅是宣泄自身的不满情绪，并不能加速推进目标的实现，反而可能对孩子的心理产生不良影响。

心平气和地纠正孩子的坏习惯，是家长需要修炼的能力。面对孩子的不足，我们需要耐心引导，而不是简单粗暴地责骂。

当情绪难以控制时，不妨先转身走开，调整好情绪，冷静下来后再与孩子进行沟通。这样不仅能够避免对孩子造成伤害，还能为孩子树立一个良好的榜样，教会他们如何在面对问题时保持冷静和理智。

 管方向

这些年我一直在思考一个问题：都说兴趣是最好的老师，那孩子的学习方向到底是按他的兴趣来，还是应该限制他的方向，把他带到我们认为对的方向去？或者说孩子该学什么应该由他自己决定还是由有更丰富的人生阅历的家长决定？

从个人角度出发，一个人该学什么应该是个自由的问题。

但是从社会需求出发，人往哪个方向发展，要学习什么内容，好像从来不是一个自由的议题，就像市场经济里的供需关系一样，需求决定供给的内容和多少。

物种进化的历程既充满奇妙的巧合又有规律，仿佛生存或毁灭都轻而易举，但人类最终走向今时今日的文明，正是无数次的头破血流换取的结果，我们的基因、本能都在渴望生存，渴望生存得更好。

那么，我们要如何才能生存且生存得更好呢？唯一的答案就是适应社会，我们的先祖早就从原始部落的起源与消亡中总结出了"物竞

天择，适者生存"这样的真理，那么轮到我们教育后代的时候，首先要传达下去的就是适应社会生存的法则。其实，学习知识、掌握技能的过程不就是在不断地融入社会生存体系吗？学的知识越多、掌握的技能越多，才更有能力在这个体系中游刃有余，甚至改写体系，成为强者。

所以，孩子该学什么，不是他一个人的事情。所谓兴趣，是家长引领他走向哪个领域，看到什么景色后，他被什么内容吸引、感动，换而言之，我们不是要限制孩子必须往哪一个方向发展，但可以启发他，让他主动朝我们预想的方向走去。

你带孩子去植物园，孩子也许就会对大自然的奇妙充满好奇；你带孩子去博物馆，孩子也许就会对历史的长河产生浓厚的兴趣；你带孩子去天文馆，孩子也许就想探索浩瀚宇宙的奥秘。

孩子的学习方向要管，但如何管得高明，需要家长用心去引导孩子。

 管脾气

管脾气不是单纯指在孩子发脾气时立马去制止，而是用走进孩子内心的方式，了解孩子有情绪、发脾气的原因，回应孩子的情绪，妥善处理孩子的情绪，做到真正了解孩子。

确切来说，管脾气其实是一个心理干涉的过程，只顾让孩子不要

生气是治标不治本的方法，有效的方式是找到孩子发脾气的源头，教孩子学会管理自己的脾气。

比如，孩子回到家后把书包一丢，怎么都不肯写作业。家长若光说服他去写作业是没有用的，要了解他为什么不肯写。经过了解得知他今天在放学路上和同学比赛谁跑得最快，他是最后一名，被其他同学嘲笑了，他觉得很生气。

此时家长可能会说："虽然我知道你很生气，但这和写作业没有关系。学生最重要的任务是学习，所以还是要先完成自己的任务。"

孩子生气的时候才不会管谁的任务谁的责任，就连大人也很难做到气头上的时候理性看待问题。

这个时候他需要的是一个和他共情的人。

我们可以告诉他："这可真是一件让人生气的事情。你现在是什么想法？准备下次跑步超过他们吗？那我们悄悄地练习，等时机成熟再进行一次比赛，让他们刮目相看，怎么样？"

不管孩子的回答是什么，只要家长和他统一战线，他就会把你划分到他的盟友阵营，这样你后续再想展开什么话题，你们都可以心平气和地沟通了。值得注意的是，给孩子"灭火"的同时，要让孩子认清自己的负面情绪的来源，并且学会自己调节情绪。当然，拥有这一项能力并不容易，需要家长以身作则，孩子在耳濡目染下才能学会。

有句话说得好：孩子就是父母的一面镜子。孩子无时无刻不在模仿父母，他的暴躁或许正来源于你，想要孩子情绪稳定，父母应该为孩子树立良好的榜样，教导孩子如何以积极的态度管理情绪。

一不管

"一不管"主要指不管分数。

我们所有对孩子的管理策略最终都指向一个结果——希望孩子变得更好。

家长可以在意孩子考试的分数，但不应该以分数来评判孩子的优劣。考试的分数不是教育的分数，我们可以在教育的过程中严格要求，督促孩子去学习更多有用的知识，掌握更多技能，但不要把分数当作结果导向。然而，绝大部分家长都陷入了"分数焦虑"，只以考试成绩来评判孩子平时是否足够认真、足够努力，这对孩子并不公平。

生活中有太多这样的家长：孩子考了高分，就满心欢喜，立马跑到亲朋好友群炫耀，给孩子物质奖励、情绪奖励；要是考了低分，就会谴责孩子，诸如"我辛辛苦苦供你读书，你就是这样学习的""考出这样的成绩，你太令我失望了"……

孩子感知父母情绪的能力很强，如果父母过度关注孩子的成绩，久而久之，孩子就很难分清父母到底爱的是自己还是把自己当成学习的工具——为什么父母的喜怒哀乐都是因为成绩的好坏呢？

用分数来定成败是本末倒置的行为，事实上，我们做好前面的"三管"，剩下一个分数就可以不管。只要用心、努力、坚持，那么走过的每一步都不算浪费，即使考试的分数不尽如人意，但只要孩子拼尽全力、无愧于心就值得被赞扬。

立规矩的心理学法则

"潘多拉效应"告诉我们：强行禁止只会适得其反。

这个效应得名于古希腊神话中的潘多拉，她打开了一个盒子，释放了一系列的灾难性事件。这个故事传达的实质是，当一件事情被强行禁止，却没有把原因解释清楚时，只会引起人们更大的好奇心。好奇心和逆反心同时作祟时，会导致一系列非理性行为。

有一次坐高铁，我碰到了两对同样带着孩子出行的夫妻。他们一家坐在我前面，一家坐在我后面。

列车启动不到半个小时，前面座位上的小孩便按捺不住了，从开始在座位上扭动转变为踢前方座椅的椅背，孩子妈妈多次跟孩子发出"不可以"的指令，孩子却仿佛没听见，依旧我行我素。

没过几分钟，我的椅背也被后面的小孩踢了几脚，后面小孩的妈妈见状，立刻把孩子从座位上抱了下来，让孩子站着，并且自己蹲了下来，面对孩子问道："你为什么要踢座椅的靠背？"

孩子犹豫了一下，说："我看别人也在踢，看起来很好玩，我也想试试。"

妈妈说："我们现在在列车上，是公共场合，还记得妈妈跟你说过的话吗？公众场合不能做影响别人的事情，你踢这个座椅的靠背，会影响前面的人休息，是不礼貌的行为。"

孩子听完妈妈说的话，主动走到了我的面前，细声细语地道了歉，然后回到自己的座位上，安安静静地坐到了终点站。

前面的那个孩子却是妈妈禁止无效之后，被爸爸责令不许再捣乱，否则巴掌伺候，才停下来。但是没安静多久，他又开始敲列车玻璃，在座位上跳，反正总能找到新鲜事儿来做。

很多家长都经历过这样的情况，我们一而再再而三地要求孩子不许做什么的时候，孩子往往听不进去。在管教孩子这件事上，说"不"的同时还要说清楚"为什么"。此外，想让孩子认同家长摆事实、讲道理的过程，必须先给孩子立规矩。

家长要统一战线

给孩子立规矩不意味着束缚孩子，我们很多时候都可以发现，孩子经常会在做一些事情的时候看父母的反应，反复试探父母的边界，想看看父母能容许他做到什么程度。有的父母害怕伤害孩子或担心管教孩子会引起自己和孩子之间的冲突，而不敢管教孩子，这恰恰给了孩子错误的认知：会觉得自己强于父母，且对父母没有信任感，因为父母连管教自己的力量都没有，那怎么能在关键时候保护自己呢？

所以，立规矩，维护父母与子女之间的边界非常重要。

我还发现很多家庭有这样的现象：家长立场不坚定或不统一，导致规矩经常推行不下去。

我一个朋友要求她女儿必须写完作业后才能看半个小时动画片，但是女儿向爸爸撒娇，要求先看十分钟动画片，然后立刻就去写作业。爸爸禁不住女儿又是哀求又是撒娇的，于是同意了，从此女儿总能在该写作业的时间提出五花八门的需求，诸如看动画片、玩玩具、吃零食等。

我们需要明白这一点：给孩子立规矩的过程中，家长必须统一战线，坚持原则，让制定好的规矩不受其他事情干扰，这样才可以建立家长权威，让孩子明白规矩是不可动摇的。

 ## 心理上重沟通，学习上管规矩

让孩子在心理上感受到爱，在爱里接受规矩的约束，在一定的约束中成长，在爱的教育下逐渐成长至具备独立思考的能力的个体时，放手任其走向自己的人生。

首先，我们需要让孩子感受到，制定规矩而产生的约束，并不是将家长和孩子置于不平等的地位，更不是剥夺孩子的自由。我们可以一起制定双方都认可的规矩，而不是单纯地要求孩子按我们的规矩行事。

其次，规矩必须是清晰稳定的，需把每一条制定得可落地，且每天按部就班地执行，不能朝令夕改。

最后，制定合理并被孩子认可的惩罚措施。同样，惩罚也必须是清晰稳定的，不能因为环境和家长的情绪而产生不同程度的惩罚，否则会给孩子带来不安全感。

比如，我们制定孩子按时写作业的规矩，可以先和孩子约定开始写作业的时间和计划写完的时间。这时候我们需要考虑：如果遇到孩子写作业拖拉，不能按时完成怎么办？遇到难题不会做要怎么处理？家长可以提出这些细节问题，让孩子表达自己的想法，由孩子来界定怎样算写作业拖拉，以及拖拉导致不能按时完成作业需要接受什么样的惩罚。双方约定好惩罚和奖励措施后，将这些规矩以书面形式明确下来。这个规矩必须是严谨细致，且不轻易更改的。只有在实践后，发现不合理的地方，才能提出修改意见。

规矩的稳定性对孩子的日常管理很重要，不仅仅是学习写作业这一个方面，日常生活上和孩子约定好的规矩也要保证其稳定性。如果规矩可以被轻易打破，那我们就很容易陷入一个"道理无用"的误区。

比如，你想约束孩子在公众场合大声喧哗的行为，想让孩子控制看电视的时间，希望孩子主动写作业，当你发现提出这些诉求后，孩子没有响应时，你会开始跟孩子摆事实，讲道理，试图说服孩子认识到自己的过错，从而立刻纠正，但结果往往是孩子要么不予理会，要么有更多的理由来反驳你。

这就是规矩被打破后陷入了"道理无用"的误区。孩子心里未必不知道自己做的事情是错误的，大人给他讲的道理他已经听了无数遍，从身体到心理都乏了。

无数的事实总结出的经验告诉我们，在教育孩子的过程中，我们必须做的是立规矩。父母可以在适当的时间和孩子做朋友，但不能失去规矩的权威性，界定好什么是该做的、什么是不该做的，有些事情不能讲条件，否则会陷入无休止地讲道理中。制定清晰稳定的规矩，严格地坚持执行，是成功立规矩的必经之路。

第三章

科学引导——三步攻克孩子不会写

写作业前的准备工作要做好

许多孩子在放学后回到家中，匆匆忙忙就开始写家庭作业。然而，他们常常会遇到各种各样的麻烦。比如，在写作业时橡皮找不到了，圆规、三角板忘带回家了，或者在需要查阅字典或参考书时，却无论如何也找不到所需资料……这些状况导致他们在写作业时东张西望、坐立不安，注意力无法集中，问题层出不穷。在这样的状态下完成的作业，其质量可想而知。

无论做什么事情，充分的准备都是至关重要的，学习也不例外。只有准备充分，才能确保事情的高效率和高质量。正如老话所说，"万事俱备，只欠东风"。这句话还可以理解为，要想达到那种"只等风来"便可以顺利行动的境界，其前提条件正是"万事俱备"。孩子在写作业前做好准备工作，有助于保持学习的连贯性和专注度。

 写前先热身，既能提效又解压

哈佛医学院教授瑞迪做过一个实验，在这个实验中，瑞迪教授将学生们最不愿意上的体育课调到早晨第一节课上，要求学生们在上课之前进行大量的体育锻炼。实验结果表明，学生们不仅在上体育课时精神饱满，在学习接下来的课程时注意力也更加集中，学习效率大有提高。

学龄期的孩子在学校上课的自由度较低，每日的运动量有限，而人在运动时可以促进血液循环，大脑会产生一种脑源性神经营养因子，我们可以理解为"脑细胞肥料"，这种"肥料"滋润着神经元链接的活跃度，而前额叶的神经元链接影响着注意力、记忆力、规划力等多个方面。简单来说，运动可以从生理层面提升人的学习效率。

再者，适当的运动可以帮助孩子消耗过剩的能量，释放身体中的内啡肽，缓解一天学习后的疲惫和压力。

 环境整理好，避免影响专注力

在条件允许的情况下，为孩子提供一个安静舒适的环境、一张整洁的桌子，让孩子把与写作业无关的事情处理好后再开始写，比如喝水、上厕所、吃水果等事情都先做完，写作业时需要用到的书、笔、本子等都放在随手可以拿到的位置，以免孩子在写作业过程中还被其他事情干扰。

 ## 没有真正的不会，只是复习不到位

复习是写作业前最重要的一件事，学校上课的过程只是认知的开始，复习才是强化、掌握这个"知"的阶段。理解力实质上是记忆力的基础，只有理解了学习内容的含义，才能记住内容。在复习中加强理解、记忆，让课堂上的知识形成逻辑关系，进而思考、推理、分析，提炼书本上遇到的难点，才能将知识点运用自如，这是写作业前必做的准备。

前几天坐高铁去天津办事，坐我对面的孩子全程在写作业，眼看快要到天津西站，他急得哭了起来，边哭边跟妈妈道歉说："对不起，妈妈，我真的不知道怎么做这些题。"

我从孩子妈妈上车后接过的电话推测，孩子爸爸在北京工作，这个周末太忙走不开，孩子的妈妈就带着孩子从天津到北京陪爸爸过了个周末。我们这趟列车是晚上发车的，鉴于第二天是周一，孩子多半是担心周一交不了作业，所以情绪有点崩溃。

面对孩子自责又着急地哭着道歉，可以看得出来，孩子妈妈内心也十分难受，她试图做一些什么来帮助孩子，但是现在初中作业的很多题，她也不会做。我看到她拿出手机搜索作业的答案，可是答案能搜出来，她在自己都一知半解的情况下，根本不知道如何跟孩子讲清楚解题思路。

妈妈安慰孩子说："实在不会做的题就先放着，明天到学校问老师，学习学习，正是不会才要学呀。"

孩子还在抽泣："不行，妈妈，有太多题空着了，我害怕老师批评我。"

我知道贸然打扰不太好，但又着实有些心疼这个懂事的孩子，于是问孩子妈妈："孩子刚上初一吗？"

妈妈从孩子的事情里回过神来看我，忙点点头："对啊，以前写作业都挺顺利，这上初一了，学的内容更难了，考了几回试成绩都不理想，孩子自己也着急。"

"方便我看一下孩子的作业吗？"

经过家长和孩子的同意，我简单看了一下孩子觉得难的题目，主要集中在数学的应用题、几何题，语文的文言文阅读题及作文，还有物理。尤其物理空得比较多，大题基本没做，稍微细看，讲的主要是基础物理知识。

这个阶段的数学和物理，只要抽丝剥茧地理解了题目的意思，套用书本上的公式就能解决大部分的问题，我让他把这学期的数学书和物理书拿出来，把上周老师讲的内容看一遍，找类似的题型……

孩子直接问我说："没有类似的题怎么办？"

"老师布置作业的目的很简单，就是为巩固学过的知识内容，这个训练是有逻辑和章程的。你仔细看看这道题是在考什么。别看数学应用题的题目很长，仿佛在讲故事一样，其实可以缩写的，把题目读懂，一遍读不懂就多读几遍。"

孩子通过仔细回忆，告诉我说："阿姨，我知道了，这个是求平均数的题目！"

至于语文，主要考的是阅读量和积累，是一个长期的过程，但孩子妈妈提到，孩子原来在这方面没有太大的问题，那可能是孩子在进入初中以后没有很好地适应教学的进度，加上成绩和之前比较出现了落差，导致心态不太好。

我问他："这篇文言文阅读题没写的原因是什么呢？"

"看不懂，不知道在讲什么，看不下去。"

我更加肯定了内心的想法，他不是完全不懂，只是没有信心了，一眼看去不理解的词比较多，连贯不起来，就出现了"摆烂"心态。至于作文只字未写，就更是"摆烂"心态下的延伸行为。

孩子妈妈看着列车马上要到站了，于是和我互加了微信好友，我提醒孩子妈妈说："写作业前复习很重要，磨刀不误砍柴工嘛！"

她点点头表示同意，然后叹气，说："上初中以后作业多，学习任务重，孩子放学一回家，每次都是匆匆吃完饭后就回房间写作业，经常没工夫复习。"

孩子不花复习的时间，就要花更多的时间去写题，还容易对课堂知识点记忆不牢固导致作业不会写，很多时候的不会写都是孩子乍一看题型不认识，出现畏难情绪，影响自信心，继而引发的"不会写"错觉。

从理解到拆解题目的正确流程

　　读题、审题是一件看似很简单的事情，只要识字就能读题，导致很多老师和家长忽略了向孩子传达读题的重要性。每次有其他家长跟我说自家孩子太笨，作业就是不会做时，我都建议让孩子先逐字读题，多读几遍。

　　低年级的学习内容使很多孩子养成了不认真读题的习惯，因为那个阶段的知识量比较少，很多问题难度低，基本是扫一眼问题就能填答案，久而久之，孩子就养成了不仔细读题也能做对题的惯性，自然不会把重心放在读题上。

　　但是小升初后，随着知识量增大，题目的复杂程度也相应提高。很多时候看着一道题，虽然每个字都认识，但组合起来就是不明白它在说什么，这个时候想要正确理解题目就要学会抽丝剥茧地分析题目。

用心读题，用笔审题

我们主张下笔之前，必须读题，可以逐字在心里默读。读完题开始找关键词、关键句。家长可以通过提问引导孩子找关键信息，边读边标记关键信息，直至弄清楚题目考的问题是什么，给出的已知条件是什么，可以用什么方法来解答这个问题才算审题合格。

家长辅导孩子写作业，遇到孩子不会的题，一定不能直接告诉他答案，而是要顺着题目的思路引导孩子自己发现问题，尤其是数学这种培养孩子逻辑思维的科目，多问他"为什么"，让他随着家长的提问，想出第一步要怎么做，第二步要怎么做，用什么样的方法可以解决问题，由此养成推理出题用意的习惯，让孩子未来可以自主思考、分析、答题。

遇到难点的题型，让孩子试着用老师给学生讲题的方式给家长讲题。先让孩子阐述对相关知识点的理解，如果孩子掌握了课堂上所学的知识点，那么大概率可以将题目的关键点和问题理清楚。如果理解得不透彻，那么回到上一步，家长用引导的方式提问，拆解题目的关键信息，提炼题目的主干并将关键词标注出来，逐步分析出解题思路。

如果无论如何引导，孩子都看不懂题目，那需要从孩子身上找原因：是否上课没听讲，或基础没打好，听不懂课堂上老师讲的内容？这种情况需要先补基础才能进行到审题这一步。

家长引导的过程一定要耐心、耐心再耐心，控制住情绪，别嫌孩子脑子笨、不开窍、学得慢，更别急不可耐地给答案，一定要循循善诱，只给思路不给答案。

 会拆解任务是答好主观题的关键

还有一种不会做，是畏难情绪在作祟，尤其是涉及主观题型，比如阅读理解、作文等，可能孩子在这类题型中感受过挫败感，所以产生了畏难的情绪，继而认为自己不会做，也不想做。

依旧是运用拆解的方式，但不是拆解题目，而是拆解任务，将题目给出的任务细分，逐个击破。

以占据语文半壁江山的作文为例，要想写一篇优秀的作文，孩子至少要完成三个任务。首先要达到字数要求，那就必须走出无话可说的困境。既要会扩展内容，也要会在有限的字数内表达更多的信息。其次，需要搞清楚出题者的要求，明确主题。内容要紧扣主题，不能偏离轨道，否则即使写得再好，也难以得到高分。最后，内容要有意义，写作文不是记流水账，不能仅仅停留在表面的描述。拆解完任务后，就要分析孩子怕写作文，是因为什么。是缺乏素材积累，还是对题目的理解不够深入，抑或是表达能力有限，无法将心中所想准确地转化为文字？

　　记得在某个周末，表姐带着儿子来我家做客，想让我教教孩子写作文。一进门表姐就不停地说孩子想象力不行，作文一直拖后腿，每次考试光是作文就能拉下语文十几、二十分。这不，周末家庭作业，让写一件周末发生的有意义的事情，孩子直接说："不会写，这两天没什么可写的，就是学习、写作业，每天的生活都差不多，照这样写，老师又该说我写的是流水账。"

　　我说："也不是一直在写作业呀，我看到你们昨天去动物园了，你妈妈都发朋友圈了，照片里你还在那儿蹲着喂兔子呢。"

　　"那个动物园就是我们家附近的那个，经常去玩，也没什么稀奇的。"

　　"你每次去都会喂兔子吗？"

　　"是啊，每次都喂，我喜欢喂兔子。"

　　"哦，那说明你很喜欢兔子。你喜欢它什么呢？"

　　"长得可爱，毛茸茸的。"

　　"那你这个周末也可以写一写去动物园喂兔子了，不是吗？"

"可是喂兔子也没什么可写的啊！我和妈妈从家里来到动物园，喂了兔子，也喂了别的小动物，然后就回家了。我能写什么呢？"

"我看到你妈妈拍的照片里，你还带了一个小动物喝水的水壶，我也经常去那个动物园，里面都装有动物喂水器，别的小朋友都是只带食物，为什么你还带着水壶呢？"

原本有些不耐烦的小朋友听到我问这个问题，认真地思考了一下，然后回答我说："其实我不只是因为小兔子长得可爱才经常去喂它们的，而是我觉得小动物们很可怜。我每次去，它们都很饥饿，迫不及待地想吃我手里的食物。那个喂水器是一颗需要舔一口才出一点水的珠子，我想在我吃了东西很渴的时候，这样喝水肯定不舒服。有一次逛超市我看到给小动物喝水的专用杯子，就请妈妈买了一个，每次去动物园我都带着。"

表姐惊讶地说："我之前都不知道你为什么想买这个杯子，还以为你就是觉得这杯子好看呢！"

我进一步对孩子说："那为什么不把这些想法写下来呢？"

"我不知道有什么意义，老师说每一篇作文都是要有意义的，要知道为什么而写。"

"你发现了小动物们很可怜，并且用自己的方式帮助它们，这对于小动物们来说特别有意义，你不觉得吗？"

孩子若有所思地点点头，我继续说："喂小兔子的时候，你是什么心情呢？"

"开心，可以帮到小兔子，我觉得挺开心的。"

"所以昨天去动物园很有意义啊！你可以试着把整件事情的经过写下来吗？包括你观察到的小动物的感受和你自己的心情。"

他意识到自己并不缺乏写作素材，并且这些素材都很有意义。于是，他便从书包中取出作文本，走到一旁开始写作文了。

写作文不像写数学题，没有固定的公式可以套用，而不会写作文的孩子一看到作文就头大，勉强写完也是流水账。面对这样的情况，家长可以采取一些具体的方法帮助孩子克服难题。

首先，为了帮助孩子解决写作文时无话可说的问题，可以鼓励他们养成日常阅读的好习惯。阅读内容不仅包括文学作品，还包括历史、科学、社会等各个领域的知识。通过阅读，孩子可以积累丰富的词汇和句式，同时也能接触到各种题材和体裁的优秀文章。这样，在写作时，他们就能有更多的素材和灵感。

其次，为了让孩子更好地理解题目要求，家长可以引导他们进行审题训练。通过分析历年真题和模拟题，让孩子学会如何从题目中提取关键信息，明确写作方向。

关于孩子文字表达能力的提升，家长可以鼓励孩子多写日记或随笔，记录自己的所见所感。通过这种方式，孩子可以逐渐习惯将内心的想法转化为文字。同时，家长可以带孩子赏析一些好词、好句、好段，帮助孩子掌握一些写作技巧，如使用比喻、排比等修辞手法，使文章更具表现力。

通过这些方法的综合运用，孩子在写作时能更加得心应手。

任何题目、任务都可以拆解，只要拆解得足够细，就是一个个可以解决的小问题。当孩子觉得作业太难，不会写的时候，我们多尝试用拆解的方式化繁为简、化难为易，让孩子不再一看就产生看不懂、不可完成的心理。

培养孩子的复盘习惯

曾子曰:"吾日三省吾身。"古时的反省,即今时的复盘。"复盘"一词本是围棋中的术语,讲的是棋手对弈后,再重新走一遍下过的步骤,反思走下的每一步是否合理,分析哪些方面有优势,哪个步骤出了问题,在下一次进行对弈时避免再次出现同样的问题。在一次又一次的复盘中发扬优点,发现问题并改进,以此提升自己的能力。

苏格拉底曾说:"未经反省的人生是不值得过的。"他认为每个人都有自己的缺点和不足,只有通过反省自己的行为和思想,才能发现自己的问题并加以改进,只有不断反省自己才能进步和成长,生命才有意义。

复盘不是成功人物或伟大人物的专利,我们可以这么理解这个顺序，是善于复盘的人才最终成功或变得伟大，复盘可以带来的益处不言而喻。而培养孩子学习的复盘习惯可以帮助孩子理解和巩固学过的知识点，提高学习效率和独立思考能力。

我们读书的时候，身边不乏这种类型的同学：他们上课很认真，课后写作业很积极，经常花费比别人更多的时间写作业，看起来比其他人更努力、勤奋，但是最后成绩并不理想。很多人觉得这是每个人天生智商的差距，其实除了极少数天才以外，大部分普通人的智商差距并不大，只是学习的效率不同。

想高效学习，一定要经历"认知—行为—反馈—结果"这个过程。认知，即第一次接触学习到的知识，从概念上可以理解为上课这个环节。行为，就是通过练习来加深对上课时获取的知识的理解。反馈，是指在学习过程中及时获取关于自己学习效果的信息，这可以通过做练习题、参加模拟考试或向老师请教来实现。反馈环节至关重要，因为它能够帮助孩子及时发现和纠正错误，调整学习方法，从而提高学习效率。结果，则是学习过程的最终体现，它可能是考试成绩的提高、实际应用能力的增强，或是对知识的深入理解。通过"认知—行为—反馈—结果"这四个阶段的循环往复，孩子可以实现知识的内化和应用。

然而，要使这个过程更加高效，还需要在每个环节中加入一些关键的策略和技巧。在认知阶段，孩子不是被动地听讲，而是要学会主动学习，积极参与课堂讨论，提出问题。通过主动学习，学生可以更好地吸收和理解新知识。在行为阶段，练习应该有针对性和多样性。除了完成作业和练习题，孩子还可以通过小组讨论、实验等方式来加深对知识的理解。多样化的学习方式能够激发孩子的兴趣，延伸学习的广度。在反馈阶段，孩子应该学会自我反思。每次练习或考试后，不仅要关注分数，更要分析错误的原因，找出自己的薄弱环节。在结果阶段，孩子通过不断地努力和练习，最终掌握了新技能。成功的体验会增强孩子的自信心，并激发他们继续学习和探索的兴趣。

一次和朋友参加某峰会，其中讲到产品迭代的概念，坐在我旁边的朋友作为一个资深产品经理人，说了一句玩笑话："做产品就跟做人一样，不进行迭代更新，很快就会被淘汰。"这样玲珑剔透的人，却在子女教育方面给大家提交了一份反面教材。

他多次跟我抱怨说："我赞同你的快乐教育理念。我也没要求我的孩子未来成为国之栋梁、精英人士，但他现在这个学习成绩实在太差了，在班里是'吊车尾'，老师说按这样的成绩下去，可能上不了高中。我和孩子妈好歹都是名校毕业的硕士，孩子不至于这样吧！"

他家的孩子一直是由妈妈辅导写作业，因为他每天工作忙得孩子睡前看不到他回家，他早上去上班时孩子还没起床，处于工作日几乎和孩子见不到面的状态，更别提辅导孩子的功课了。

我试探性地问他："你知道孩子在学习上哪个环节出了问题吗？"

"具体我不清楚，但孩子妈妈每天辅导孩子写作业，老师布置的家庭作业完成度比较高，我多次和老师沟通孩子在学校的表现，得到的反馈也不错。几个科任老师都说我家孩子上课认真，学习态度端正，字写得很好，但变通能力不太够，就比如说数学的几何题，相同的知识点换个题型他就不会做了。我总觉得这是在说我家孩子不够聪明，我可真是没辙了！"

他家孩子我接触过很多次，虽然不是学霸，但绝对不是脑子笨的孩子，甚至有时候还会给人一种大智若愚的感觉，和别的孩子玩游戏时输了也不沮丧，在下一轮游戏中依旧可以保持好心态，这一点很多这个年纪的孩子都做不到。

结合老师传达的孩子的在校表现和我观察到的孩子日常的行为习惯，我认为朋友的孩子即便智商是普通水平，就冲他认真勤奋学习的态度和管理情绪的能力，成绩都不至于太差。但现状却是原本对孩子成长持"佛系"心态的爸爸，现在都开始为孩子的成绩感到焦虑了，那肯定是哪个学习环节出了问题。

如果课堂上没问题，家庭作业也没问题，那唯一的原因就是，孩子在学习这件事上，虽然执行力很强，但没有把知识吸收转化，变成自己的东西，也就是我们所说的没有做到知识点内化。换而言之，孩子在"认知—行为"阶段投入了大量时间，而忽视了"行为—反馈—结果"阶段。

　　为了改善这一状况，家长应当认识到"行为—反馈—结果"阶段的重要性。教导孩子在每次写完作业后，分析一遍写作业过程中遇到的难点，找到背后的原因，思考要如何解决这个难点；总结自己薄弱与擅长的方面，找到学习的规律；在每一次得出成果后，下一次在这个成果的基础上再次进行复盘，周而复始，孜孜不倦。每一次的复盘只要比上一次进步一点点，日积月累就能前进一大步。

第四章

多维攻略——帮孩子轻松战胜拖延症

注意力不集中：
提升专注力，学会时间管理

　　如果孩子写作业磨蹭，家长首先要考虑是否作业难度较大，导致孩子无法独立完成；如果不是，那就是孩子专注力和习惯的问题。

　　孩子写作业经常走神，时不时抠橡皮、削铅笔，总之不管旁边有什么能够到的东西都能玩半天，写一个字停半天也是家常便饭。家长道理讲了一大堆，奖励、惩罚一起上都没用。看着孩子趴在书桌前熬几个小时写作业，家长也只能跟着揪心却又无可奈何。

　　要说孩子是作业完全不会做吧，也不是，就是拖拉，不能一心一意地做一件事，也就是我们常说的注意力不集中。

排除干扰因素，提升专注力

孩子没法专心做一件事很正常，我们大人工作也有"摸鱼"的时候，经常需要想办法克服拖延症，更何况自制力不强的孩子。注意力不集中可能受很多因素影响，大人从旁协助排除干扰不失为一个办法。主要干扰因素有以下几种。

一是视觉干扰。低年级的孩子集中注意力的时间较短，尤其容易对鲜艳、独特、移动的物体感兴趣。比如：房间开得正盛的鲜花、窗外飞过的小鸟或墙上色彩斑斓的画，都有可能成为孩子关注的目标；书桌上过多的文具、书籍也有可能吸引孩子的注意力；另外，旁边如果有人看电视、玩手机，就更容易引诱得孩子无心写作业了。

二是听觉干扰。家人谈话的声音过大，屋外道路上车辆的噪声，传进房间的视频的声音或不恰当的音乐都可能会干扰孩子。

三是心思神游。整个人处于散漫的状态，人虽然在写作业，但心思早飞到了九霄云外。也许是惦记早上路过的那家小吃摊，摊上的手抓饼香气扑鼻，不能忘怀；也许是和小明吵架了，心里不服气；也许是觉得作业太无聊了，还是电视好看，正回味上一集剧情呢。

总之，孩子心里装了满满的事情，已经分不了太多心思给写作业这件事了。

前两种受外部环境因素干扰的情况较好解决，尽量给孩子创造一个安静、整洁的学习环境，减少视觉、听觉干扰即可。

如果是孩子的心思不在写作业上，三心二意，则需要父母帮助孩子找到更适合他们的学习方式。在此我推荐使用"番茄工作法"。

"番茄工作法"是公认有效、简单的专注力训练法，即将番茄时间设定为 25 分钟，让孩子专注地写作业，不许做其他与写作业无关的事情，等时间一到就休息 5 分钟。每完成 4 个番茄时间后，就多休息会儿。这种方法有助于提高孩子的专注力和学习效率。

 ## 培养孩子的时间管理能力

孩子的时间管理能力不是天生的，而是需要后天培养的。孩子对时间的认知是一个渐进式发展的过程：孩子两岁左右才能理解一些简单的时间概念，比如白天、黑夜之间的区别；四岁可以遵守部分时间的规则和约定，大概描述什么时间段发生了什么事，比如，晚上天黑了该睡觉了，午后妈妈可以陪着读绘本；一直到八岁，孩子才能知道按时上学，在固定的时间吃饭、睡觉，才具备判断时间长短的能力。

同样，孩子学会时间管理也是一个循序渐进的过程，是一件需要家长长期去坚持、去引导的事情。孩子不可能一两天就学会管理时间，习惯的养成必然是长期坚持的结果。

孩子在学校有课程表约束，按时到校上课，到什么时间段上哪一门课，即便是再不愿意早起、再坐不住的孩子，也是可以做到按时到校，坐在座位上听讲的。按这个逻辑，在家里同样可以制订家庭作息表，定好什么时间段该写作业，什么时间段要休息，什么时间段可以娱乐。

规划时间的参考逻辑为：制订计划—分解任务—设定时间限制—奖励机制—复盘计划—坚持执行。

第一步制订计划。首先要确定孩子需要完成的作业有哪些，根据孩子的学习任务的难易程度来安排顺序。把更容易完成的、孩子擅长的作业安排在第一时间，就像我们面对一堆比较简单的小问题和一个艰巨的大问题，一定是先解决小问题，才能静下心来全力以赴地挑战大问题。对于孩子来说，先完成的那部分也能增强自信心，自信是支撑他继续写下去的动力。

第二步将大任务分解成小任务。让孩子更容易完成，取得阶段性的胜利，比如英语阅读作业可以分成某一篇阅读用多少时间完成。

给每个小任务设定时间限制，让孩子感受到时间的紧迫感，尽力把注意力集中到完成当前这件事上，有利于培养孩子的专注力。

第三步阶段性地进行奖励。这个奖励可以是实质性的，比如，某个阶段提前完成了任务，可以攒一颗星星，攒够五颗可以换一次吃甜品的机会，当然，也可以是其他孩子爱吃的、爱玩的。关于为什么是奖励机制，而不是奖惩机制，有必要说明一下。因为孩子在感受时间变化，尽力去完成作业的时候，惩罚的压力会让他惶恐、紧张，他可能会更多地去担心如果没有做到会有什么样的后果。

第四步复盘计划。家长和孩子一起制订计划的时候，可能刚开始并没有想到某些作业任务在实施起来的时候和预想的是不一样的，就无法按照计划去完成，那么这个计划就显得像个空中楼阁。所以我们的时间计划表要具有可操作性，应该是可根据实际变化的。家长引导孩子在每天的复盘过程中发现存在的问题，及时改正问题，逐步完善出一个更加适合孩子学习实际情况的计划表。

第五步坚持执行时间计划表。这是一件必须做却有很多家长做不到的事情。有句话是这么说的："你的失败不是因为不够努力，而是因为没有坚持。"只有家长坚持不懈，才能培养出有目标、有毅力的孩子。坚持执行时间计划表的过程中，孩子难免会遇到困难和挫折，家长要耐心引导，帮助孩子克服困难。

学习基础差：
趁早补，从零调动学习兴趣

孩子的磨蹭不是病，催促的家长才要命。孩子写作业磨蹭，家长打也打过，骂也骂了，软硬兼施、威逼利诱都试了，却丝毫不见成效。都说知己知彼才能百战百胜，要攻克孩子写作业磨蹭这个难题，也要对症下药。磨蹭的原因不一样，自然解决的方法也不同。

 越早发现越好补

有一次，碰到一个家长疯狂吐槽自家孩子干什么都拖拉，尤其是写作业。邻居家孩子一个小时就能写完的作业，到她家

孩子，一个下午都没写完。她吐槽完便开始跟其他家长取经，要如何才能加快孩子写作业的速度。其他家长有建议给孩子制订时间计划表的，也有建议先培养孩子专注力的，但她都给否决了，表示自己这些办法都试过了，根本没有用。

我翻了翻孩子的作业本，说："孩子不是想磨蹭，是根本不会做。"

当家长的从心底里都不愿意承认自己的孩子有哪些方面差，但要想帮助孩子有效地学习，首先就要对孩子有一个客观的认知和评价，看到孩子的不足之处。只有把问题找出来，才能知道如何解决。

就孩子写作业磨蹭这个问题来说，有的孩子就是学习基础太差，无从下手，坐下来半天写不出来一个字，那么解决方法当然就不是在如何让孩子管理好时间或培养专注力上，而是先打基础，了解清楚为什么之前这部分内容没学会，把以前没学懂的知识补回来。

我们经常用"破窗效应"来形容孩子的学习状态。以一幢有少许破窗的建筑为例，如果那些破窗不修理好，可能会有破坏者破坏更多的窗户。最终，他们甚至会闯入建筑内，如果发现无人居住，也许就在那里定居或者纵火。一面墙，如果有一些不好的涂鸦没被清洗掉，很快，墙上就会布满乱七八糟、不堪入目的东西；一条人行道有些许纸屑，不久后就会有更多垃圾，最终人们会理所当然地将垃圾顺手丢弃在地上。这个现象，被称作"破窗效应"。孩子的学习也是一样的道理。孩子如果考试考不好，作业写不好，家长放任不管，最终的结果就是孩子的学习成绩越来越差。

在此特别希望家长注意，学习基础差这个问题一定要趁早发现，趁早补基础，不然形成"破窗效应"，后面只会越来越差。

 ## 找到孩子不爱学的原因

有人会说，孩子就是怕苦、怕累所以不爱学习。我不这么认为。

我觉得孩子很多时候比大人更加不知疲倦，我曾见过七岁的小男孩为了组装自己心爱的挖掘机玩具，不吃不喝地组了五个小时，一直到组装完成才长长地舒了一口气，并且对自己亲手完成的这件事情充满了自豪感。

这说明，只要有兴趣，孩子吃苦耐劳的能力不比大人差。

兴趣是最好的老师。当孩子对某件事情感兴趣时，他们会自发地投入时间和精力，甚至在不知不觉中培养出持之以恒的品质。

兴趣也是孩子学习的原动力。孩子只有在学习中找到乐趣，才能真正实现自我驱动，而不是被动地接受外界的指令。

作为家长，我们应该努力激发和培养孩子的兴趣，引导他们积极主动地投入到学习中去。

要想真正激发孩子对学习这件事情的兴趣，我们首先需要深入思考：究竟是哪些因素导致孩子对学习产生了抵触情绪？这可能包括内在原因和外在原因两个方面。

从内在原因来看，孩子可能对学习内容感到难以理解，或者他们对这些内容缺乏足够的兴趣。如果孩子在某个学科上持续感到吃力，长期的挫败感会逐渐侵蚀他们的自信心，进而导致他们对学习失去兴趣。例如，数学学科需要较强的逻辑思维能力，如果孩子在这方面的能力较弱，他们可能会感到吃力，从而产生厌学情绪。

外在原因则涉及家庭环境和学校氛围的影响。在家庭中，如果家长经常因学习问题而责骂孩子，会给孩子带来很大的心理压力，使他们对学习产生反感。在学校中，如果孩子总是被老师批评，也会让孩子感到自己总是处于一种被否定的状态，从而对学习失去兴趣。

归根结底，学习兴趣的缺失往往源于缺乏动力和正面的激励。孩子在成长过程中，需要感受到学习带来的乐趣和成就感，而不是一味地被灌输知识。如果学习过程变得枯燥乏味，孩子自然会失去兴趣。

为了激发孩子的学习兴趣，首先，家长要善于发现孩子的兴趣点，并因势利导。每个孩子都有自己的天赋和兴趣，如果能够将学习内容与他们的兴趣结合起来，孩子自然会更加投入。例如，对于喜欢画画的孩子，可以通过绘画来学习数学几何图形，让孩子在绘画的过程中理解几何图形的性质和应用，这样既贴合了他们的兴趣，又达到了学习的目的。

其次，家长给予孩子适当的鼓励和认可。当孩子在学习上取得进步时，及时给予他们表扬和奖励，让孩子感受到自己的努力得到了认可。这种正面的反馈会形成一种强大的驱动力，激发孩子继续努力，从而促使他们在实践中逐渐培养出对学习的兴趣。

橡皮综合征：
如何避免孩子过度依赖橡皮

　　橡皮综合征指的是孩子写作业时产生的一种不良心理行为，表现为写作业时总喜欢不停地使用橡皮擦掉重写，写的字稍微有一点儿不整齐或不够漂亮就立马擦掉，严重拖慢了写作业的速度。

　　我发现很多有这种习惯的孩子，在学校成绩都不差，甚至算得上成绩优异，但只要仔细去了解就能发现，这类孩子都对自己要求很高，身心承受的压力也大。这种压力大多来源于父母，可能父母会说，自己平时并没有逼孩子学习，有时候，逼迫并不体现在直接的强迫，而是体现在过高的期待。不要怀疑有些孩子的敏感度，他们可以敏锐地捕捉到父母的情绪，比如，你是否在他取得好成绩的时候表现出无比高兴、欣慰，又是否在他考得不好时伤心、失望甚至指责？

我也见到很多父母对孩子的教育标准是"要做就做到最好"。用追求完美的理念要求孩子看似没有问题，人都喜欢完美无缺的东西，但如果要以牺牲效率和幸福感来追求完美，往往会得不偿失。

面对无时无刻对自我的高要求，人们特别容易陷入"不完美焦虑"。凡事追求完美让他们不能容忍一点点缺陷，习惯于给自己设定很高的要求，甚至会因为害怕失败而直接放弃。

父母希望自己的孩子出类拔萃、样样都好无可厚非，但要从实际出发，考虑孩子的综合能力，判断我们对孩子的要求是否太高了，会不会带给孩子过大的压力。

完美主义的父母总把目光放在孩子的缺点和不足上，正如患有橡皮综合征的孩子，只能看到这个字写得不够好，其实真的是写得不好吗？

刚上小学的阳阳就重度依赖橡皮，但认真看他写字的过程可以发现，他擦掉重写的字和第一遍写的并没有什么区别，反倒在一遍一遍地擦拭后，留下的污渍更影响美观度，可他就是忍不住擦掉重写。

阳阳妈妈发现这个问题之后，试过禁止阳阳使用橡皮，却毫无作用，阳阳表示他不是故意的，自己都没有注意到就用了橡皮；也试过规定写作业时间，让他必须在规定的时间内完成作业，但他还是偷偷擦来擦去，最后完不成还是得熬夜写作业；妈妈还偷偷把他的橡皮藏起来，结果阳阳找不到橡皮，又为自己字写得不好而着急，趴桌子上哭了半天。

不仅如此，阳阳写作业磨蹭导致他的休息时间减少，每天写作业到晚上 12 点多十分影响身体健康，而且他最近还出现了考试试卷写不完的情况。

妈妈认为阳阳性格执拗，太过于追求完美了。

追求完美是一种积极的人生态度，但凡事过犹不及，如果过度追求完美，那将会被焦虑裹挟，成为吹毛求疵、低效运转的"伪完美主义者"。

所以，我们与其说避免孩子过度依赖橡皮，不如说帮孩子摆脱焦虑不安的情绪，使孩子心理健全。家长可以从以下几点着手。

 降低对孩子的不合理期待

家长不要把自己对孩子的期望挂在嘴边，比如考试要考第几名、作业要得多少分、亲戚家小孩获得书法比赛一等奖，这些都是在暗示孩子："瞧，这就是我眼里优秀的孩子，你达到这个程度才不会让我失望。"

对于孩子而言，最重要的是多观察、多关注、多理解、多参与，告诉他："努力做了就行，结果不是最重要的，爸爸妈妈看到了你的付出，你做得一点儿都不差。"

会批评，也会表扬

可以帮助孩子发现问题，但不要站在上位者的角度发泄情绪，对待孩子，一味地批评没有用，要带领他发现错误的源头、错在了哪里，要用什么方法改正。

真正的表扬不是"你真棒，你太厉害了"，而是看到孩子前进的每小步，结合事实进行表扬，比如，孩子这次的作文写得很好，我们可以找出写得精彩的地方，夸赞道："这个比喻句把柳树比成婀娜的姑娘，形容得真美，你的想象力真丰富。"夸具体的细节，孩子更能感受到真诚。

多鼓励，多感谢

无论是在生活中还是在学习中，当孩子遇到困难不敢向前的时候，家长要给孩子加油打气，告诉他："勇于尝试就是一种成功，无论最后是什么结果，都不影响你在我心里永远是最优秀的孩子。"当孩子提供了哪怕是非常细微的帮助时，你不要吝啬你的感谢。孩子收到你的感谢，会产生一种"我做的事情帮到了别人，是很有价值的"

的感觉。

不要"我希望"，而是"你希望"

永远尊重孩子是个独立的个体这个事实，别把"我希望你怎么样""我是为了你好"挂在嘴边。真正的爱和关心，是引导探索、陪伴成长，而不是将自己的期望放在孩子的身上，把自己的目标变成孩子的目标。我们可以给他树立正确的三观，教他明辨是非，带他发现美好与丑陋，引导他打开世界的大门，然后问他："你希望成为一个什么样的人？你想做什么样的事？"

不要低估孩子的自驱力，一个依赖橡皮的孩子，恰好是一个对自我有要求，能在一定程度上约束自己行为的人，是哪怕没有父母督促，也可以自律、自主的孩子。只是这样的孩子心态上不够放松，陷入了自律的焦虑中。

家长要对有橡皮综合征的孩子多一点宽容，因为陷入这种状态的孩子多半是对自己不够宽容，不能容忍一点点瑕疵。如果这个时候家长再批评、指责，孩子只会更加焦虑，认为自己做得不够好。

橡皮综合征不是一种病，而是一种不良的行为习惯。尽管如此，这种行为习惯也需要得到适当的治疗和纠正。

当孩子表现出类似橡皮综合征的不良习惯时，家长可以采取一些简单的脱敏训练方法，比如，通过奖励的手段来强化训练，帮助孩子逐渐摆脱对橡皮的依赖，培养其自我控制能力。

家长可以帮孩子设定一些小目标，例如在一定时间内不使用橡皮，或者在写作业时减少橡皮的使用次数。每当孩子达到这些小目标时，家长可以给予适当的奖励，如贴纸、小玩具或额外的玩耍时间。这些奖励可以激发孩子的积极性，帮助他们逐步养成良好的习惯。

家长还可以通过游戏的方式，让孩子在轻松愉快的氛围中逐渐减少对橡皮的依赖。例如，可以设计"无橡皮挑战"游戏，让孩子在限定时间内完成一些书写或绘画任务，在这期间不得使用橡皮。完成任务后，孩子可以获得积分或小奖品作为奖励。这样的游戏不仅能让孩子在不知不觉中减少对橡皮的依赖，还能增加他们的成就感和自信心。

同时，家长还要多关注孩子的心理变化，一旦察觉孩子的焦虑情绪持续存在，并对日常生活造成影响，便应考虑咨询心理医师。借助专业的指导，孩子将学会更有效的应对方法，从而有效地缓解焦虑情绪，健康成长。

第五章

阅题准则——三个秘诀
让孩子不再重复犯错

了解孩子粗心的原因

孩子写作业粗心几乎是每个辅导写作业的父母都遇到过的问题，只是程度稍有不同。大部分家长认为孩子粗心、马虎的解决办法就是多叮嘱孩子认真一点。不能说这个思路是错的，但一定不是完全正确的，因为粗心的孩子很常见，但粗心的原因却各有不同。

如何才能改掉孩子粗心的毛病？我们先探究清楚孩子为什么粗心。孩子粗心的原因主要归纳为以下几种类型。

 注意力不集中，习惯型粗心

这种类型的粗心是最普遍的，表现为孩子做题手比眼快，往往题目还没看清楚，就开始答题，写完自信满满，自以为不会出错，认为检查就是浪费时间，赶紧做完赶紧交。

这是一种习惯型粗心的行为，明明会做却因为差不多就行的态度出现各种小问题。比如，读题时，选择性地只看自己愿意看的内容而忽视其他的关键因素，按照惯性思维懒得深入思考，注意力不集中导致漏看、漏写，等等，都是日常习惯没有培养好造成的粗心。

面对易分心、无法持续专注于手头任务的孩子，首先，要给孩子创造一个安静、整洁的学习环境，减少外界干扰，帮助孩子集中注意力。

其次，就是做到逐字读题，让孩子标出关键条件、关键问题，避免因选择性阅题而出现答题错误。

最后，强调完成作业后要检查，从头开始检查，如果是考试，从写班级、姓名开始检查。每场考试总会有些学生忘记写名字，这说明习惯型粗心是普遍的，既然无法完全避免，那就在有限的时间内尽可能细致地检查。

 ## 性格浮躁，情绪型粗心

情绪型粗心主要表现为前半段作业字迹工整、思路清晰，但是作业繁多而单调，后面就只想快点做完敷衍了事，别说再检查一遍了，能把作业给写完就算给面子了。这样的作业往往是前面高质量完成，找不到错处，后面像换了一个人写，错漏百出。

教会孩子将大任务分解成若干个小任务，并合理安排时间以逐步完成。设定固定的学习时间和休息时间，避免长时间连续学习导致心烦意乱。

 精力不足，疲劳型粗心

疲劳型粗心通常发生在孩子长时间处于高强度的学习或活动状态后，身体和大脑都感到疲惫不堪。当疲劳累积到一定程度时，孩子的注意力、反应速度和判断力都会明显下降，从而导致粗心大意，即使是最简单的题目也可能因为精力不足而出错。

为了改善这种情况，家长要合理安排孩子的作息时间，确保孩子有足够的睡眠时间和适当的放松时间，以保持良好的精神状态。

此外，还要制订合理的学习计划，确保孩子的学习任务量适中，避免超负荷学习。同时，根据孩子的实际情况调整计划，避免过于苛求完美而导致孩子压力过大。

除了粗心大意，我们还应警惕那些看似粗心的假象。

比如，上课听老师讲的时候听懂了，课后写作业一看好像会做但又不是很熟练，翻翻课本、查查资料也能做出来，实际上还是一知半解、蒙混过关，这种情况在写作业时不容易被发现，因为写作业的时间相对充裕，不懂的题也可以翻书、找资料。一旦考试，问题就显现出来了。但家长容易把这种情况误认为孩子只是一时粗心才做错，孩子也会认为自己就是粗心大意了，下次再认真一点儿就不会出错。抱着这种心态，最后这个知识点其实还是没有完全掌握，孩子即便认真去做也未必能做对。

如何发现这种看似粗心的假象呢？

最直接的方式就是把看似粗心导致写错的题单独拎出来，让孩子模仿老师给学生讲题的状态，给家长讲一遍。孩子如果真正掌握了这道题，肯定可以把解题思路讲清楚；如果讲题不流畅，则正好可以发现自己哪个部分的知识掌握不足。加强对知识点掌握的熟练度，就能避免下次因粗心丢分。

整理错题集，做读题训练

　　针对最普遍的习惯型粗心，孩子可以将写错了的题目收集起来，做一本错题集，通过这种系统性的错题管理方法，孩子不仅能减少在学习中常见的马虎错误，还能在学习过程中逐步提高自己的解题能力和自信心。

　　相信有很多家长都有过要求孩子准备错题集的举动，但却不一定了解一本好的错题集应该包含哪些内容。

　　光是把错题抄在本子上不一定能记住，强化记忆的最好办法是弄清楚前因后果，然后反复接触这个原因，理解为什么，知道怎么做，才能加深印象。

　　所以记录错题的同时要写清楚错题的原因，即这题为什么会写错，是因为不会做，还是题目没看清，或是写题的过程中不仔细，每一种类型作为一个大类归纳到一起，看最后复盘的时候哪一类错题最多，孩子就能清楚地知道自己为什么丢分，从而重点改善。

记录完错题原因，还要写上错题详解，切记不要找到正确答案后直接抄一遍，而是应该将原本写错的题重新做一遍，这样才能加深对知识点的理解和记忆。

 ## 通过读题训练，提高解题能力

错题集的作用有很多，它是提升读题能力和解题技巧的重要工具。合理利用错题集进行读题训练，可以逐步提高孩子对题目细节的敏感度。

在整理错题时，不仅要关注错误的原因，还要仔细分析题目的表述方式和关键词。这样，在面对类似题型时，孩子就能够迅速抓住问题的核心，避免因理解偏差导致犯错。

读题训练并不是浪费时间，一个习惯的养成需要做无数件小事去重复；但一旦习惯成为本能，就可以更快地达成目标。

我们要跟孩子强调读题的重要性，说明为什么我们要做读题这件事，读题有什么好处，让孩子从心理上认同，他才能心甘情愿地执行。

正确的读题方式不是用嘴发出声音，而是要用心去思考。有的孩子为什么读很多遍依旧表示看不懂？其实是因为人在心不在，根本就没有思考题目的意思。老师经常讲"带着脑子来听课"，读题也是一样的道理。

读题的能力通常代表着理解能力。题目是对问题的指引和方向，走对了方向，之后走的每一步才有价值；如果方向错了，那做再多都是无用功。

引导孩子读题，不能代替孩子读题

孩子的理解力和观察力都会随着年龄的增长而提升。低年级的孩子读不懂题非常常见，像一、二年级的孩子，识字的数量还不多，或者对字词的意思不理解，连正确断句都还做不到，所以无法理解题目的要求是什么，就更不知道这道题让自己干什么。

面对低年级的孩子，家长在陪孩子写作业时引导孩子读懂题就是最大的帮助。切记，是引导读题，不是给孩子读题。孩子不认识的字可以教他这个字怎么读，代表了什么意思，但逐字读题这个任务要让孩子自己完成，直到孩子能够顺溜地读出题并正确断句，能说出关键信息，知道题目的要求才算读懂题。

为什么不建议代替孩子读题呢？

因为代替次数多了就会变成习惯，孩子就会产生依赖性，孩子还小，确实读题有困难，但如果小的时候习惯了家长读题，那等到他可以自己读题的时候可能就会因为从小养成的习惯而很难再学会自己读题。

其实在任何事情上，家长教育孩子都要坚持只引导不代替的思想。特别简单的事情，或许我们自己都想着顺手做了就做了，省时间、省麻烦。今天孩子不会读题，我给他读出来，告诉他题目什么意思、重点是什么、要用什么解题思路，明天孩子不会写的作业替他写了，生活上再给他包揽了大小事务，例如穿衣吃饭、洗脸刷牙等。这样"疼爱"孩子的家长不在少数，但不建议这样做。

习惯的养成是有连锁反应的，你在某些事情上让孩子产生依赖性，就会把依赖的种子种进孩子心里，这样一来，不管是生活还是学习，孩子面对困难的第一反应可能都是寻求他人帮助，而不是先尝试独立解决，这样不利于对孩子独立性的培养。

审题：关键信息圈注标记

很多三年级以上的孩子读题失误的原因在于无法区分关键信息和无关信息，尤其是碰到字数多一点的题目，特别容易被无关信息干扰。当然，也不排除有的孩子是思维跳跃或看题目不认真导致的不理解题目意思。

不少家长反映说，自己家孩子脑子转得快，简短的题目看一眼就能填答案，只是有的题目根本不是不会做，而是太马虎了，写的时候不搞清条件、关系就答题。

这是典型的被无关信息给干扰了。孩子聪明，但不能耐心、细致地筛选有效信息，再把有效信息关联起来。

比如，一道数学题：三年级 3 个班同学，一起外出参加"我爱科学"活动，每个班平均分成4组，每组14人，三年级一共有多少人参加这次活动？

家长很容易看懂这句话的已知信息是什么，但孩子对关键词这个信息可能还是模糊的，所以我们先要让孩子学会分辨关键词。

一般数学题中要注意的关键词是主语、数量词以及数量单位，比如上题中的关键词，我们画出"3个班""每个班平均分成4组""每组14人"，问题是"一共有多少人"。我们可以和孩子共同探讨："你认为这道题中哪些是关键词？""为什么认为这些是关键词呢？有什么依据吗？"

如果直接审题看关系不直观，也可以通过画关系图的方式来理解。比如，上题可以这样引导：先画出3个班级的数量单位，每个班级里又分成了4个组，再在每个组里标上14个人。乍一看已知条件，好像找不到思路，但画图后就一目了然。

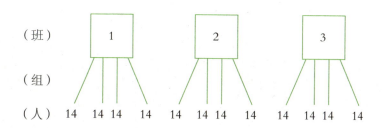

思维跳跃型的孩子出现审题失误的概率更高，上一行看着看着就跳到了下一行，求快的心思导致审题不严谨。解决这种问题的方式就

是要求孩子审题时标注关键词，这样可以帮助他们集中注意力，抓住每一个关键信息。

同时，家长可以准备一些练习题，专门训练孩子审题的能力。比如，可以让孩子在限定时间内找出题目中的关键词，或者让他们用自己的话复述题目的要求，还可以设置一些陷阱题，故意在题目中加入一些容易被忽略的细节，让孩子在审题过程中学会仔细检查，避免因为粗心大意而失分。

草稿要有序，写题才能版面整洁

有一种粗心叫"连答案都抄错"，尤其是数学题，光靠脑子思考心算是得不出答案的，很多计算公式、逻辑思路需要在草稿纸上写写画画来给心算做补充。打草稿可以帮助进行分析、推演、验算，是一个辅助思考的过程，在这个过程中找出关键信息，然后得出正确结果。但是有的孩子可能认为，草稿纸又不需要给人看，能给自己起到打草稿的作用就行了，所以习惯了在一张草稿纸里见缝插针，不讲究版面整洁，结果到了把草稿纸上的内容誊抄到作业本上的时候，因为草稿纸上的内容写得杂乱无章，都分不清演算的先后顺序，看错、抄错答案也就不奇怪了。

草稿纸乱是很容易被忽略的一个问题，即使现在提出来，也会有人说，草稿纸乱有什么关系，自己看得懂、最后求出来的答案是正确的就行了，版面整洁是作业本和试卷上的要求，花太多时间和精力在打草稿上没必要。

首先，草稿纸乱影响很大。孩子打草稿时看得懂，但是较为复杂的题目演算过程长，算到后面就未必能看懂前面写下的过程了，尤其是东插一题西塞一画的，算答案的过程中可能被别的数据误导，就算求出了正确答案，也可能在抄到作业本或试卷上的时候看错。

其次，打草稿时保持版面整洁有序，可以帮助孩子养成书写逻辑清晰的习惯，回头看演算过程时能快速了解当时的解题思路，至于时间和精力，把无序变成有序并不会耽误时间，何况养成书写逻辑清晰的习惯，从长远来看，必定是节约时间、提高写作业效率的一件事。

好的草稿是什么样的

一要一稿专用。有的孩子习惯所有学科的草稿打在一张纸上，建议每门学科用专门的草稿，不要一稿多用。

二要分区明确、逻辑清晰。最方便的方式是一张草稿纸对折，以一张 A4 纸为例，对折三次就能平均分割成八个区域，也可以用笔画线条来分区，整体会显得清晰、有条理，每题标上题号以方便区分不同的题目。

三要前后有序、版面整洁。打草稿要有顺序，这样才能在誊写的时候轻松找到对应的题，不要在草稿纸上到处涂鸦，保持版面整洁。

 ## 在什么情况下建议打草稿

复杂的数学题、物理题和化学题都涉及大量运算，很多题型都无法光靠心算、口算得出答案，比如数学的几何证明题、函数分析，物理的受力分析、电路图等基本不可能避免打草稿这个过程。

语文的作文也建议在草稿纸上列提纲，提纲包括题目、中心论点、分论点、素材、案例、结论，直白来说就是写下来自己想写什么（目标），怎么写（过程展开），这么写的依据支撑（素材＋案例），最后的总结（扣题），这样写作文不容易跑题。思考过程中闪现的灵感也立即写下来，整体内容也丰满充实。养成写作文列提纲的习惯，可以极大程度地提升写作文的效率。

第六章

书写妙计——"书写小达人"速成指南

情绪抵触，写作业心不到位

著名教育学家李玫瑾曾联合一家儿童教育机构，去学校调查了1000个写字难看的学生，了解他们写字难看的原因和背景。结果发现了一个惊人的原因——88％的孩子讨厌写字的原因竟然是不想上枯燥的培训班。

孩子字写得难看，大部分家长的第一反应就是练，花更多的时间和精力，送孩子上培训班练字！

对于大部分孩子来说，其实写字并不需要达到大师风范或如印刷字体，只要做到横平竖直、大小适宜、字迹工整、版面整洁就足够了。家长对孩子的书写要求也只是字写得容易辨认、工整就够了。如果连这些基本的写字要求都达不到，只说明一个问题——孩子根本就不想好好写，从情绪上抵触写字。抱着这种情绪去上书法培训班、去临字帖会有效果吗？正如李玫瑾教授的调研结果，真正导致字写得难看的，不是能力不行，而是不想写好。

常听人说"字如其人"，说的不是字丑人丑、字美人美的意思，而是说精神面貌。从写的字中我们可以看到一个人大致的性格如何、修养气质如何。

有位家长说孩子的字越练越差，已经不知道还要不要花时间练下去。

仔细一问，孩子的字原来写得虽然不算漂亮，但方正整齐，写作业、考试时都看得过去。但妈妈有点担心孩子的字不够漂亮丢印象分，就买了字帖让孩子必须每天坚持练字一个小时。孩子每天的作息原本是晚上九点准备上床睡觉，结果妈妈给加了一个小时练字，他对此很不满。

结合孩子写作业的表现，他的字越写越难看主要有这几点原因：

一是孩子不知道把字写好有什么意义，找不到价值感；

二是对写作业本身就不上心；

三是被逼练字的那一个小时耽误了他的休息时间，他不情不愿。

最后归结为一点，就是没兴趣，不想写，在这种前提下，逼他练字不仅不能把字练好看，还会激起他的逆反心理，让其变得更加讨厌写字。

我们和孩子做了一个约定，关于写字好不好看的标准，从学习书法大师的标准调整为字体端正、字迹流畅工整，达到可辨认不扣分的程度即可。

只要写作业时的字达到横平竖直、容易辨认这个水平，就不用练字，90％达标则练字半小时，80％达标练字一小时，如果达标率低于80％，那要连续三天练字一小时。

与此同时，孩子妈妈在空闲的时间陪孩子一起看了一些关于汉字起源的故事书和纪录片，让孩子了解到汉字的文化内涵和历史，还带孩子去欣赏了优秀的书法作品。

后来孩子妈妈跟我说，虽然孩子现在字写得不能算多优秀，但至少不会字迹潦草、敷衍了事。

我见过很多国人有这样的习惯：当浮躁而希望寻求平静时或当空闲想修身养性时，都愿意坐下来写写字以慰藉身心。我想，任何一个在中国文化熏陶下长大的孩子，骨子里都不会排斥汉字。

汉字经历了漫长的演变过程，从象形文字发展至今，历经了几千年的更迭，才凝练至今日的文化高度。只要细细品味，我相信每一个孩子都能从中感受到汉字的魅力。

能力不足，认真用心也写不好

孩子能写一手好字总归是一件好事，退一步说，老师阅卷有书写卷面分这一项，电脑阅卷也要考虑写字工整才能被识别，所以，书写是一件不容忽视的事。

有的孩子学习态度良好，写字也很用心，但写出来的字就是歪歪扭扭。练也没少练，最后的成效却微乎其微，让父母不知从何下手教育。那么，孩子心理上也不排斥写字，却还是写不好字，家长或许就该换个思路看待问题了。

孩子不是不想写，而是有心无力。

 考虑孩子手部精细动作不够好

手部精细动作主要指的是手部小肌肉群的活动能力，包括手指的灵活性、手部控制能力等。

有的孩子可能手指或手腕不够灵活，运笔僵硬，无法流畅地把笔画写到位。汉字讲究的横平竖直由不同的笔画组成，而不同的笔画又有不同的施力方式，比如"横"是手腕发力，"竖"却是食指施力，光是施力方式不正确就很容易导致横不平、竖不直，写出来的字自然不会好看。

提升手部精细动作需要进行针对性的训练，比如日常简单的手部肌肉训练：握拳、伸展手指、捏橡皮球等，精细动作有穿珠子、搭积木、手指游戏或做一些手工等。值得一提的是，这一类问题会随着孩子年龄增长而得到改善。

执笔手势错误

我们想想：为什么会区分正确和错误的握笔姿势呢？往往"正确"意味着无数前人从错误中总结不足得出的更优方案。

常见错误握笔姿势有手腕倒钩、内扣、食指内压等。错误的握笔姿势可能会导致手指、手腕紧张或过度用力，引起手部疲劳、疼痛，严重的话还有可能损伤手部。

正确的握笔姿势则可以让手部的肌肉得到合理运用，尽可能减少使用手腕、手指时的不适感，使得书写过程更加协调顺畅，提高书写效率和质量。

那么，正确的握笔姿势是什么样的？

（1）保证坐姿端正，身体和双手都处于放松的状态。

（2）食指与拇指在距离笔头 3cm 处捏笔，笔身靠在中指第一关节的位置，注意手指放松。

（3）注意笔杆不要落在虎口，而是靠在食指上。

（4）食指不要内弯，食指在笔杆的位置要比拇指更靠下，使得控笔更加自如。

（5）小指末端与手腕平贴于纸面，手部自然放松，不要紧紧掐住笔杆。

每个人的握笔习惯稍有不同，但基本的原则是大致相同的，都是为了在写字时下笔顺畅自如，又不让手部过于疲累，这是保障书写效率和美观度的基本前提。

笔顺不规范

会有先后笔顺这个标准，是优劣取舍的结果。错误的笔顺直接导致笔画的连接不顺畅，字写得歪歪扭扭，影响字的结构合理性，减慢书写速度。

正确的笔顺规律可以根据不同的汉字结构和笔画特点进行总结和归纳。以下是一些常见的笔顺规律和例子。

先横后竖：在写横和竖的组合时，一般先写横，再写竖。例如，

"十"字的笔顺是先写横，再写竖。

先撇后捺：在写撇和捺的组合时，一般先写撇，再写捺。例如，"人"字的笔顺是先写撇，再写捺。

从上到下：在写上下结构的字时，一般先写上部分，再写下部分。例如，"草"字的笔顺是先写上面的"艹"，再写下面的"早"。

从左到右：在写左右结构的字时，一般先写左部分，再写右部分。例如，"明"字的笔顺是先写左边的"日"，再写右边的"月"。

先外后内：在写包围结构的字时，一般先写外面的部分，再写里面的部分。例如，"国"字的笔顺是先写外面的"冂"，再写里面的"玉"，最后写"一"封口。

千变万化的汉字其实总结起来的基本笔画包括点（、）、横（一）、竖（丨）、撇（丿）、捺（㇏）、提（㇀）、折（𠃌）、钩（亅），掌握规律，合理施力，才能写好字。

视功能异常

视功能异常是指眼睛的视觉系统出现问题，导致视力模糊、眼球运动困难、视觉信息处理障碍等症状。

视力是感知外界信息的重要途径，对于需要精细操作的学习活动，如书写而言，清晰的视力是必不可少的。而存在视觉功能障碍的孩子，由于缺乏精确的知觉辨别能力，可能会出现以下典型症状：对类似的字难以区别，不能正确区别笔画的长短、多少，书写字距不均匀，书写速度慢，错别字多，偏旁部首分离，等等。

这些症状不仅会影响孩子的学习成绩，还可能导致他们在社交中感到自卑和焦虑。

因此，家长应密切关注孩子的视力状况，一旦察觉孩子出现视力异常的征兆，应尽快带孩子前往专业眼科医院进行检查。早期发现和治疗视功能异常，可以有效减少视力问题对孩子未来学习和生活的负面影响。

练好字：作业书写工整指南

汉字有自己的骨架和书写逻辑，收放、停走、笔锋都有一定规律，好看的字让人看起来舒服，因为符合大多数人的审美。

写字这件事说难不难，但要写好也不是一件容易的事情。没几个人天生就会写字，偶见别的同学写字好看也不用感叹人家天赋异禀，他们多半是经过了多番练习。

学写汉字并不是简单地依葫芦画瓢就行。临摹字帖的孩子一抓一大把，但仅靠临摹写出一手好字的则凤毛麟角，只有在临摹的过程中花了心思了解字体的特点，掌握了汉字书写的技巧，才能最终写出美观的字。

单从作业书写层面来考虑，不建议以过高标准要求孩子。除非孩子热爱书法，那另当别论。一般的孩子达到书面整洁，字体端正、大小适宜就足够。按这个标准来实施，孩子的执行难度小，接受程度相应提高。

练出一手好字的技巧如下。

 先看再背记规律

写字之前先观察，观察字形结构、笔画、特点，在脑海中形成印象，做到落笔时心中大致有数。掌握横、竖、撇、点、折这几个基本笔画的规律并且背下来。

> 横要平，竖要直，撇有锋，捺有脚；
>
> 提钩要尖折有角，行笔轻快要记牢。
>
> 从上到下为主，从左到右为辅。
>
> 上下左右俱全，根据层次分组。
>
> 横竖交叉先横，撇捺交叉先撇。
>
> 中间突出先中，右上有点后补。
>
> 上包下时先外，下包上时先内。
>
> 三框首横末折，大口最后封底。

家长可以把口诀的意思解释给孩子听，孩子先明其意再背诵会更加容易记忆。通过背口诀，脑海里形成字形结构、笔画的规律，起初不能按照口诀一笔一画写到位很正常，有意识地按这个规律写就可以。

和孩子一起定一个小目标：第一个月把字写方正，横平竖直，即横画平稳、竖直挺拔；大小恰当，即在作业本上字不出线条、框格，字与字间距分布均匀。第二个月尝试做到"撇有锋、捺有脚，提钩要尖折有角"，坚持按这个标准练习三个月以上，做到这一步字就不会丑。

后期根据孩子写字的具体情况，逐步加入剩下的字形结构规律。除了掌握技巧，想要真正写出一手好字，无他，唯熟练尔。

拆写笔画练基础

任何一种学习，初步感觉复杂畏难时，我们都可以采用拆分的方法，把繁复的东西分解成多个简单的东西，这是最直接有效的方法。

汉字可以拆分成笔画和结构。

汉字笔画名称见下表。

笔画	名称	笔画	名称
、	点	㇕	横折
一	横	㇆	横折钩
丨	竖	㇙	竖钩
丿	撇	㇜	撇折
㇏	捺	㇛	撇点
㇀	提	㇈	横折弯钩
亅	竖钩	㇗	竖折
㇁	弯钩	㇄	竖弯
㇂	斜钩	㇉	竖折折钩
㇟	竖弯钩	㇋	横折折撇
㇖	横钩	㇊	横折提
㇇	横撇	㇡	横折折弯钩

从练基础笔画开始练字，掌握每个笔画的起笔、行笔和收笔规律，接下来就是字形结构，熟练笔画之后要组单个字的结构就如同拼图，按部就班地拼起来就是完整而美观的字。

临字帖求质不求量

临字帖练字不要一味求多，不是练的数量多就能练好。发现某些字写得不顺畅或笔画、比例不对时，及时调整，找到正确的写法，然后练习几遍，练习到十个字里八个字都处于稳定状态时，基本可以判断这个字练成了。

总结复盘多思考

练习写字时，必定有写得好的也有写得不好的，可以找出不足的地方进行分析，找出哪些是弱项然后加强练习，比如：长横总是写不好，就多写一写"喜""善""姜"等字。练完字后多思考哪些字的笔画或结构写得好或不好，既看到自己的进步，也要改进不足的地方，这样才能越写越好。

写字讲究眼到、心到、手到，首先是眼睛要感知到字的结构、笔画特征，用心观察笔势游走的方向、顺序，再用自己的手流畅地将脑海里的字写出来，而要达到下笔流畅的程度，免不了需要日常的练习。值得注意的是，很多人对于写字都只看重手到，一股脑儿地练字、临帖，却根本不去思考这个字为什么好看，好看的规律是什么，要如何记住这个规律并将其运用到自己的字里。

所有的学习不外乎"认识—理解—思考—实践—总结"，运用到写字里也是一样的逻辑。凡事不思考，再多努力也枉然。

第七章

多管齐下——
"二法一练"，
让孩子写作业有条理

任务分解法：作业只是看起来很难

　　我们在生活中经常看到这一类型的孩子：做事主次不分，最后哪一件都没有做好。比如，写作业经常语文写一点、数学写一点、英语写一点，忙得不可开交，但哪一门功课都没写完，责问起来总有解释不完的理由。

　　这很明显是一个人条理性差的表现。什么叫条理性？就是做事之前，大脑已经形成整件事要怎么做的思路，并且可以在执行的时候按部就班、有条不紊地进行每一个步骤。一个有条理性的人，做事有先后主次之分，清楚地知道自己的目的是什么，过程有哪些；而没有条理的人，做事经常眉毛胡子一把抓。

　　条理性差的孩子打开作业本经常不知道从何下手，没写几题就开始磨蹭、走神儿，一问就说觉得题目难，不会做。

拆解大问题为小任务的方法尤其适用于一看到作业就产生畏难情绪的孩子，常见于数学大题，英语阅读理解和语文作文，等等。

行为混乱、没有条理的孩子，往往对应综合能力的欠缺，也就是我们常说的缺乏执行能力。但是，条理性是可以通过后天培养改善的，比如缺乏对应的执行能力，我们可以和孩子合作把任务变成可实施、可执行的，让一个大问题变简单，然后告诉孩子："看，作业只是看起来很难而已！"

任务分解的第一原则就是把每个问题拆分到大脑可以直接处理。

把复杂的事情变简单，一次性只需要达成一个可实施的目标，从心理上来看这就是一件简单的事情。

还有一个月就是元旦，老师让身为班长的辉辉组织元旦晚会。辉辉回到家后愁眉不展，觉得元旦晚会这么复杂，自己毫无头绪。

妈妈看出了辉辉的担忧，却没有直接利用自己的经验来帮他解决，而是问辉辉："你还记得班上办过的其他活动是什么样的吗？"

辉辉把近两年班里办过的活动都想了个遍，回答妈妈说："热闹，大家都很开心。"

"为什么大家会觉得开心？"

"嗯……因为同学们可以围坐在一起，吃喜欢的零食，还有很多有趣的节目可以看。"

"那你觉得一个热闹的元旦晚会应该包括这些吗？"

"是的，妈妈，我觉得要有节目和零食，还有围坐在一起的同学们。"

"这些同学或许可以称为节目的观众，你再想想有节目和观众了，还需要什么呢？"

"还有什么呢……还需要一个主持人。我记得春晚还有特邀嘉宾，我们也可以邀请一些嘉宾吗？可是邀请谁呢？"

"关于邀请谁这个问题我们可以稍后再思考。我觉得你要记住这么多内容有点难，你需要先写在纸上，防止忘记吗？"

辉辉找来纸、笔，写下了"举办元旦晚会应该包括组织节目，邀请主持人、观众、嘉宾，购买零食"。在妈妈的提醒下，辉辉把"购买零食"改成了"物料清单"。

但"物料清单"让辉辉犯了难，除了零食，他暂时想不到其他的物品。

妈妈提醒说："主持人需要服装、话筒，还有提前准备主持词；要给上台表演节目的同学们准备奖品；还有节目如何排序，每个节目需要什么道具待定。"

分解到这一步，辉辉觉得即使以前没组织过元旦晚会，他也有信心可以做好，因为他知道自己要提前准备什么，准备的每一项都是什么用途，组合起来是一个什么样的晚会。

想要引导孩子发现问题，不能用直接告诉答案的方式，而是提出疑问，引发思考。家长多问为什么，怎么做，为什么这么做，孩子的回答不一定每一次都正确，但如果是孩子经过思考的答案，也应该倾听孩子会这么说的理由，多问多听，不要急于否定，可以提出疑问进行提醒，把孩子引导到正确的路线。

回到写作业的问题，我们以写作文为例来进行任务分解：

（1）确定主题和观点，明确写作目的和方向。

（2）列出主要论点，论点用于支撑主题观点，可以是事实案例、证据或理论说明。

（3）设计段落结构，根据论点安排行文顺序和段落布局，一般分为开头、中间主体、结尾，开头引入主题，主体分析论点，结尾总结主题。

（4）增添细节中的亮点，行文布局构思或书写过程中闪现的灵感及亮点随时记录，寻找合适的段落进行补充点缀，增强全文的可读性。

一篇作文分解成每个段落，将每个段落的中心主旨确定好，然后只需要往段落里填充内容即可，这样就不是忽然面对一篇八百字的作文，而是面对一二百字的段落，难度降低很多。

前面我们说到条理性差、逻辑混乱的孩子一般对应着执行能力比较弱，尤其是面对复杂的任务，非常容易因为感知到艰难而拖拉磨蹭。就像大人工作时，一般是因为难做才犯拖延症，简单的任务顺手就做了，想想我们面对工作重压是什么感觉，肯定是身心疲惫，然后产生排斥情绪。人类大脑处理事务的能力是逐步成长的，也就是说孩子的条理性会比成人的弱，那他面对复杂问题的时候更容易感受到困难和压力。这个时候，家长应该多理解、多包容、多引导，从心理上与孩子共情，才能在行动上帮助孩子。

认知心理学研究表明，人类的认知过程是逐步进行的，而不是一次性完成的，将复杂的任务拆分成更小的部分，可以降低任务的难度，这种拆分的方法也被称为"分块学习"或"分块处理"。它可以帮助人们更好地管理和组织信息，提高学习效率，从教育学层面理解，可以帮助孩子更好地理解和解决作业中的问题。

大量的心理学研究证明，孩子的条理性是可以通过家长的培养而变强的，其中学会拆分问题就是一个加强孩子的条理性、逻辑性的好方法。家长用提问的方式引导孩子简化问题，慢慢让孩子掌握简化的方法，既可以改善写作业没条理的问题，长远来看，对未来的生活、工作也大有裨益。

四象限法则：给作业分优先级

培养孩子的条理性，先从培养孩子区分先后主次开始，尤其是面对作业多、时间紧，来不及逐个拆分的情况，我们要善用四象限法则来帮助孩子更好地管理时间和学习任务。

合理运用四象限法则给孩子的作业任务进行分类，然后按照优先级顺序来完成作业，可以帮助孩子从乱麻般的思绪中择出来，意识到自己应该先做什么、再做什么。

四象限法则其实是一种时间管理方法，它将任务分为四个象限：重要且紧急、重要但不紧急、不重要但紧急、不重要也不紧急。

重要且紧急：需要孩子立即完成的作业任务，比如老师限时提交的作业、考前复习重点。这一类任务孩子应该优先安排，尽快完成。

重要但不紧急：需要复习的内容、需要提交的作业、需要预习的内容，可以和孩子一起给这些任务设置完成时间，然后逐步完成。需要注意的是，必须在规定时间内完成，否则临到任务要交了还没完成，就只能提档成重要又紧急的任务了。

不重要但紧急：孩子写完作业后的临时小测试、生词听写等一些琐碎的事情，可以放在重要且紧急的事情后面，另外根据孩子的时间和精力安排完成。

不重要也不紧急：这一项是可以暂时不做或后面空闲的时候再做的事情，比如聚餐、玩玩具、看电视等。可以在完成重要事项之后，视孩子个人意愿安排完成。

许多孩子在面对很多学习、作业任务时容易产生拖延的问题，实际是因为事情一多就不知道从哪里下手。如何让孩子学会分析各项任务的紧急程度呢？我们可以引导孩子把所有要做的事情罗列出来，列一个任务清单，再根据四象限法则来划分主次、紧急程度。

有家长反映：四象限法则执行下去很难，孩子不配合怎么办？

具体哪里不配合呢？家长举例说："比如，我们将列出来的待做事项划分优先等级，孩子坚持认为打游戏很重要，我耐心地跟他说明他现在的任务是学习，而不是打游戏，在时间安排上一定是以和学习有关的事项作为主要的和重要的任务。"

但是孩子不这么想，孩子说："我喜欢打游戏，在我心里打游戏就是很重要的事情。为什么必须按照你们大人的想法给我做规划呢？"

家长晓之以理，动之以情，告诉孩子打游戏的危害，认真学习虽然一时不能获取快乐，但有利于未来的人生，要学会延迟满足乐趣，试图让孩子理解他的主要任务是学习。当时孩子看似认真地听着家长讲完这些道理，也没有反驳，但是依旧不愿意认同家长将所有娱乐活动安排到"不重要也不紧急"事项的行为，心理上的不接受，导致规划四象限法则的时候很不顺利，勉强规划好了，执行起来也是问题不断。

我问孩子："你喜欢的娱乐事项包括哪些？"

"打游戏、看电视、打乒乓球和踢足球。"他思考了一会儿，又加了一项："周末和妈妈骑自行车去公园也很喜欢，不过妈妈有时工作忙，不能每周都陪我去。"

其实，从简单的几句话中，可以看出孩子和妈妈的相处很融洽，目前的法则推行障碍更多在于孩子和妈妈的认知不同频，都在想要得到对方认同的状态。

我说："我同意你说的打游戏也是一件重要的事情。我认为娱乐对于每个人来说都是不能缺少的，因为娱乐让人心情放松快乐。"

孩子看着我，有些怀疑地问道："阿姨，你真的这么想吗？"

"真的啊！但是娱乐虽然重要，却不紧急，因为写完了第二天要交的作业，才能安心娱乐，不是吗？"

"可我要是写不完作业，就没有时间做我喜欢的事情了。"

"我知道你之前出现过作业有点多从而写不完的情况，这也是为什么现在要做这个优先级规划，可以帮助你更好地安排放学后要完成的任务，让你能够更高效地利用时间。你可以清楚地知道什么时候该专心致志地学习，什么时候可以放松心情，享受你的娱乐时间。这不仅能让你按时完成作业，还能让你有更多的时间去做自己喜欢的事情。如果你提前完成了作业，你还可以提前享受你的娱乐时间。"

孩子认真地听着，点了点头，似乎对这个说法感兴趣。

"你和妈妈还可以一起制定一个奖励机制，"我继续说，"比如，如果你连续一周都能按时完成作业，周末就可以安排一次特别的活动，如和妈妈骑自行车去公园玩。"

孩子的眼睛里闪烁着期待的光芒，他想要积极参与到这个计划的制订中来。

接下来，孩子和妈妈一起讨论并确定了放学后要完成的任务的优先级，以及完善了完成任务后的奖励机制。通过这种方式，孩子接受并愿意配合四象限法则的执行。

通过沟通和理解，孩子和妈妈找到了一个双方都能接受的解决方案。

孩子和家长终于不再为优先级的排序而争吵，而是将更多的时间放在努力完成第一象限的任务上。孩子也不再因为作业多而感到一团乱麻、毫无头绪了，开始按优先级完成，完成一项勾掉一项，每勾掉一项就觉得减轻了一份压力，作业越写到后面越轻松。罗列了任务清单之后再排序，也不再漏项了，不会作业写到后面，一看发现有个重要的事项还没做，一下打乱步骤。

家长表示，自己督促了孩子两个月，陪着一起做规划，目前孩子已经可以自己罗列清单，然后给所有事项划分优先级了，感觉孩子不管是在学习中还是在生活中都显得有条不紊了。

　　不管在任何时候，尊重对方的观点是交流的前提，只有尊重对方，对方才有耐心听你继续说，在交流的过程中再抛出问题，让对方可以顺着你的思路去思考，这比直接把道理灌输给他要有效得多。

规划训练：提升孩子的自我管理能力

规划能力是一种自我管理的能力，是一个人在面对复杂的任务或环境时，能够合理规划时间、资源和自我分配的能力。简而言之，就是一个人在做事情的时候，可以把事情如何做的先后顺序都做好合理安排，在什么时间该完成什么事情都了然于胸。

规划能力强的孩子，条理性一定很好，顺推之，想让孩子变得有条理，培养其规划能力也不失为一个好办法。

培养孩子做个有规划的人，让孩子学会以目标为导向，为自己制订生活、学习的计划，然后逐步执行。

那些起床后找不到袜子，到学校后找不到书，写作业需要家长催着赶着的孩子，普遍都是做事没有规划。

曾有家长跟我吐槽说，自己家孩子总是到周日晚上熬夜赶周一要交的作业。为什么呢？因为周五放学，孩子回家后就放飞自我了，让他抓紧时间写作业，他就说，不着急还有两天呢。结果周末快过完了才开始着急，于是火急火燎地写作业，写得又着急又担忧，全程都在赶时间，作业肯定写不好。

实际上只要家长不严加看管，大部分孩子都是这样对待自己的学习任务的。一方面是老师布置的任务必须交，另一方面内心总有贪玩的念头。哪个孩子不喜欢做轻松的事情呢？所以一旦拥有自由的时间，立马就会选择顺应本心，玩乐至上，等到周日晚上才开始担心第二天要面对老师的问责，于是恶补作业。

很多家长是怎么见招拆招的呢？

据我观察，大部分家长采用的方式是给孩子制订计划，严格安排孩子在什么时间完成什么任务，面对孩子不自觉的情况呢，就亲自上场"监工"，期望用每天反复坚持按时写作业的生物钟，让孩子养成好的学习习惯，未来孩子可以自己制订计划去写作业。然而实际情况是，我们看到很多父母抱怨孩子没有规划，只要不盯着，就不会主动写作业。

安安一直是父母眼中的乖小孩，学习成绩在班级上中等偏上。安安的妈妈非常确信孩子的自控力、自觉性都很好，因为安安每天放学到家后，按时洗手吃饭、写作业、洗澡、上床睡觉，做每一件事的时间都严格按照计划表，每天雷打不动。

有一个周末妈妈要出差两天，周日才能回来，出发前一个晚上，妈妈还叮嘱安安："周五等老师布置完作业，就把每科作业都记录下来，自己规划好时间，按时完成作业。"

安安拍着胸脯说："放心吧，妈妈，你不在家的时间，我也会认真完成作业的。"

结果妈妈周日晚上回到家，看到正在赶作业的安安，内心顿时冒起了一股火。安安跟妈妈说："妈妈，对不起，我本来写好了计划表的，但是昨天写作业的时候阳阳约我去楼下玩平衡车，爸爸也同意了，我没忍住就跟阳阳去玩了，今天白天爷爷奶奶来家里时带了一只雪白的小狗，实在太可爱了，我光顾着陪小狗玩，忘记写作业了。"

听完这些话，妈妈把怒火烧向了爸爸，她责怪爸爸说："我好不容易给孩子培养的习惯，按时按点学习，我才离开两天，孩子都成什么样了！"

孩子爸爸觉得偶尔放松一下没关系，没必要这么严格，于是反驳了安安妈妈几句，气得妈妈音量都拔高了，说："你懂不懂，教育孩子最重要的就是培养好习惯。只有这样，孩子才能学会自我管理，有条不紊地安排自己的生活和学习。"

爸爸直接撑了回去："你懂教育？孩子保持了这么久的生物钟，怎么你一走就不按时完成了？说明方法不对。"

安安确实是个乖小孩，但并不会自我规划。日常按部就班地学习只是因为有人督促，一旦离开被督促的环境，原来培养的生物钟在面对各种诱惑的时候就显得不堪一击，玩伴和小狗都可以让他立即放下手中的作业。

那么，为了有效地培养孩子的规划能力，并进一步提升他们的自我管理能力，家长应该着重培养他们哪些良好的习惯呢？

培养目标意识

日常注意引导孩子做任何事情之前先思考目标是什么，找准目标后倒推完成这个目标需要做什么，具体应该怎么做，把所有步骤写下来，列顺序，这就是基础的计划雏形。

培养时间管理能力

对于低年级孩子而言，更重要的是教会他们认识时间，理解时间的长短快慢。随着孩子年龄的增长，孩子对时间的概念也更加清晰，需要学习的是如何合理分配时间以完成某一件事。

参与制订学习计划

自我规划的前提是自我，目标是独立，所以我们首先要考虑的是如何让孩子拥有自我、独立自主。答案很简单，那就是家长要敢于放手、放权。在孩子年纪尚小，还不具备独立的能力的时候，也可以用共同协作的方式，让孩子参与制订计划。

比如日常的学习计划，孩子参与进来有两大好处：第一是孩子会觉得自己拥有决定自己做什么的权利；第二是孩子会全方位思考自己有哪些任务，该怎么分配，可以培养大局观。

鼓励参与生活决策

有一些家长认为，孩子的任务是学习，除了学习，别的事情都不用孩子插手，比如做家务或其他家里的杂事。有很多用这种方式培养出来的"学习机器"全天都在认真学习，乍一看学习成绩是真的很好，仔细一瞧，除了学习啥也不会，可能离开了父母，连穿衣吃饭都成问题。

如果培养孩子的最终目的只是希望他成绩好，其他一切都无关紧要，那父母是否想过自己终将老去，孩子迟早会离开你的怀抱？

所以我们培养孩子，不仅要培养他的学习能力，还要培养他的生活能力。所有的习惯都要从日常生活的点滴中培养，我们希望他独立自主、有规划，那就要鼓励他多参与生活上的决策，为生活中面临的大小事情做计划。

比如，一家人准备出去旅游，孩子也可以参与做出游计划；休息日有家庭聚餐，做一份聚会流程清单；爸爸或妈妈要过生日了，准备做一份生日宴会安排表；等等。这些日常生活中可能遇到的事情，其实都可以邀请孩子一起参与准备，既能增加亲子互动时光，又能锻炼孩子的组织安排能力，从而达到提升孩子自我规划能力的目的。

 定期复盘：善于回顾和总结不足

有目标也有计划，还需要逐一完成，又不能只以完成为结束。正所谓"没有计划不开始，没有总结不结束"，每一个计划被完成之后都应该回顾总结，让孩子看看自己的表现有什么不足，可以如何改进。

第八章

工具赋能——巧用工具，让孩子写作业更高效

可视化时间管理：提升学习效率

弗兰西斯·培根说过："合理安排时间，就等于节约时间。"

时间管理某种程度上就是人生管理，其重要性是众所周知的。很多大人在面对繁杂的任务和紧张的时间安排时都会感到焦虑、痛苦，对孩子而言更是如此。孩子年纪越小就越缺乏时间观念，时间管理能力弱是正常的。

但是，时间观念是可以培养的，首先，我们需要让孩子认识时间。

时间分为时间点和时间段，孩子写作业磨蹭的原因之一就是孩子对时间段的长短概念不清晰，对什么时间段该完成什么事情没有具体的感知。

我们常看到很多孩子在写作业的过程中时而抠手指，时而玩橡皮，放在桌子底下的脚永远都不安分，除了遇到真的不会写的题，主要原因是对时间段感知度弱，不能感受到时间的紧迫性，更无法长时间集中精力写作业。

从自控力的角度来看，要把学习时间划分为若干个时间段，依靠频繁而合理的短暂休息来降低持续学习对意志力的消耗，提升专注力，从而达到优化时间管理、提升学习效率的目的。

从心理学的角度来看，人处在不同情绪的时候对时间长短的感知是不一样的。比如，在着急不安地等待某个未知的结果时，时间就显得很漫长，但是周末休息时却总觉得光阴飞逝。这说明，人在紧张和轻松的情绪下，从主观上对时间的感知是有区别的。所以管理时间，还需要管理主观判断。

对于一个成年人来说，拥有自控能力和心理调节能力是难能可贵的，可想而知，孩子要达到这样的水平无疑更难了。

作为家长，我们要充分理解孩子在时间管理上可能会遇到的各种困难和挑战。孩子在成长过程中，还没有养成高效管理时间的能力，这可能会导致他们在完成任务时显得拖拉和磨蹭。面对这种情况，家长不要感到暴躁和不耐烦，因为这不仅无助于问题的解决，反而可能给孩子带来更多的压力和焦虑感。

家长应该耐心地引导和帮助孩子进行时间管理训练，增加他们对时间的敏感度，从而提高他们的学习效率。可视化时间管理，将时间从抽象变为具象，是帮助孩子更好地掌控时间的有效方法。

使用计时器或沙漏

比如，我们跟孩子说："可以玩 30 分钟玩具，到时间就要立马去写作业了。"然而，30 分钟早就结束了，孩子还在玩，因为他在玩耍的时候并不会去观察时间，也就不知道什么时候该结束。而可视化的时间管理可以帮助孩子更好地认识时间，感受到时间的流逝，逐渐建立时间观念。

家长可以将一个计时器或者沙漏放在孩子能看到的地方。当孩子开始玩玩具时，启动计时器或沙漏，让孩子亲眼看到时间在流逝。当计时器响起或者沙漏里的沙子全部流完，孩子就知道是时候停止玩耍，开始写作业了。

制作时间饼图

时间饼图是一种将时间分配以饼状图形式展示的方法，它能帮助孩子提高时间管理能力。

绘制一个饼图，将孩子一天的时间根据不同的活动进行划分，每个活动用不同颜色的区块来表示。比如，学习时间用蓝色表示，娱乐时间用绿色表示，休息时间用黄色表示，等等。每个活动占据饼图的一部分，比例越大表示花费的时间越多。这可以让孩子快速判断时间分配是否均衡，以及是否需要调整各项活动的时间占比。

为了使时间饼图对孩子更有吸引力，家长还可以加入一些互动元素。比如，准备一些可撕贴的小图标，在孩子完成某项活动后，将相应的图标贴在对应的时间区块上。这不仅能增加孩子的参与感，还能让他们有成就感。

通过运用这些可视化时间管理方法，孩子可以将抽象的时间概念转化为具体的数据或图形，更有效地掌控自己的时间，从而提高学习效率，更好地平衡学习和娱乐。

管理时间，管理的是人的自控能力，也就是个人对自己的情绪和对世界认知的控制感，其本质是自律。我们的认知里自由一般代表着自由自在、无拘无束，而自律则是严格地控制自己，但有句话是这么说的："自律给我自由。"怎么理解呢？就是人越自律，就有越多时间、空间去自由调配。对于孩子来说，按计划分配好时间、高效率完成学习任务，才会拥有更多可支配时间去做自己想做的事情。

心理学家拉卡拉说："自律的前期是兴奋，中期是痛苦，后期是享受。"在养成一个好的习惯之前，孩子可能会感受到束缚和痛苦，但坚持下来后习惯可以变成本能反应，后面就可以享受一个好习惯带来的好处了。

外在激励手段：提升孩子的主观能动性

美国哈佛大学心理学家罗伯特·罗森塔尔在一所小学进行了一项实验，对全体学生进行了一次智力测试，但是没有将测试结果告诉老师和同学们，只是随机挑选了 20％的学生，告诉老师这部分学生是"高智商"学生，具有很大潜力，需要好好培养。在接下来的时间里，老师对那些"高智商"学生给予了更多关注和鼓励，几个月后，被标记为"高智商"的学生在成绩和智力的测试中都取得了显著的进步。

实验证明，外在激励手段可以有效调动孩子的学习积极性，对孩子的成长有着显著的正向影响。

 合理运用外在激励手段

心理学将人的行为动机分为内在动机和外在动机。内在动机源于

个体内部，使人们在没有外部激励的情况下，自发地从事某项活动。外在动机则来自个体外部，如奖品、赞美等，促使人们为了获得某种回报或避免某种惩罚而进行特定行为。

在实际生活中，内在动机和外在动机之间并非完全独立，而是相互影响的。适当的外在激励能增强孩子的内在动机，过度的外在奖励会削弱孩子的内在动机。

此外，内在动机和外在动机之间还可以相互转化。比如，孩子最初因为外在奖励而开始某项活动，但随着时间的推移，他可能逐渐发现这项活动本身的乐趣，从而将外在动机转化为内在动机。同样，内在动机也可能在某些情况下转化为外在动机。比如，孩子因为对某项活动的热爱而获得外界认可，从而进一步激发他的热情。

因此，在教育孩子的过程中，家长不仅仅要注重激发和培养孩子的内驱力，同时也要学会合理运用外在激励手段促进孩子成长。

制定物质激励制度

我们可以简单地将外在激励分为精神激励和物质激励。精神激励包括表扬、鼓励、认可等非物质形式的奖励，物质激励则包括奖品或其他形式的物质奖励。

在孩子做得好的时候给予肯定和赞扬，比如"你做得真好""太厉害了""我为你而骄傲"这一类的话，相信很多家长都可以做到。

但面对孩子需要长期坚持的事，如写作业，有时候家长给予的口头精神激励就显得有些单薄无力。

因此，每当孩子在学业上取得了优异的成绩，或者在某些方面表现得特别出色时，有的家长常常会通过给予物质奖励来表达对孩子的认可和鼓励。这可能包括购买孩子心仪的玩具、允许孩子玩一会儿电子产品，以及其他各种形式的物质奖品。通过物质激励手段来激发孩子的积极性和动力，确实在一定程度上能够起到立竿见影的效果。

但是物质激励手段如果没用好，反倒会引起更糟糕的后果。比如家长和孩子约定只要写完作业就可以看 30 分钟电视，孩子可能跟你讨价还价："我写完作业看 40 分钟行不行？""我先看电视再写作业行不行？"或者要求孩子背完这篇文言文，家长就给孩子买蛋糕，孩子可能直接来一句："那我不吃蛋糕了，我可以不背吗？"

给予孩子物质激励的目的是帮助孩子养成良好的生活和学习习惯，并不是为了和孩子讨价还价。考虑到这一点，家长在实行物质激励手段之前，要和孩子提前制定好物质激励制度，明确获得奖品的条件和标准等。

一要提前和孩子沟通制定物质激励制度的原因。和孩子说明"为什么这么做"永远是第一准则，提前和孩子沟通我们为什么制定这个制度，这么制定的作用是什么，最后希望达成什么目标，共同商量达成目标后的奖励。整个计划的前提就是孩子从内心认可这个激励制度，而不是家长一方的自我感动。

我在要求孩子完成早睡这个行为时就提前跟孩子交流了很多关于早睡的好处，以及如果我们不早点睡觉会对身体造成什么后果，尽量把这个后果往孩子在意的事情上引。每个孩子的特性不一样，说法也可以不同。比如，睡太晚了会让脑子不聪明，我家孩子天天以自己脑瓜聪明为荣，还是比较在意这个事情的。

一定要让孩子内心接受这个奖励制度，让他自己也乐于向目标前进，这样的制度才制定得有意义。

二要明确设定阶段性可完成的目标。教养孩子的过程中，希望孩子完成的目标一定得是明确清晰的，比如，希望孩子改善一个行为，那首先要让他知道达成目标的标准是什么，通过做哪些事情可以达到这个标准从而完成目标。

举个例子说，我希望孩子改正坐姿问题，孩子写作业没多久就喜欢趴着，这对眼睛和脊椎都不好。我如果跟他说，你坐好了，那这个标准就不明确。正确的做法是明确说明脊背要直、眼睛距离书桌多少厘米才合格。

三要"明码标价"设置奖品。要让孩子知道自己努力的方向，也要让他知道努力完成后有什么回报。在设置奖品时，可以采用"明码标价"的方式。也就是说，明确孩子能获得奖品的标准和条件，让孩子清楚地了解自己需要达到什么样的目标才能获得相应的奖励。

比如，可以实行积分制，每完成一项任务或达到一定的学习目标，孩子就能获得一定数量的积分。当积分累积到某个数值时，孩子便可以获得自己的奖品。这样既能够激发孩子的积极性，又能够避免孩子在任务完成前就提出各种要求。

四要为物质激励制度设置时限。实行物质激励制度的整个周期不宜超过一个月，时间如果太长孩子可能会忘记；或者等待的周期过长，孩子会觉得太难拿到奖励而放弃。设置合理恰当的周期，明确告诉孩子完成整个计划需要多长时间。

五要有仪式感的退出机制。孩子达成目标获得奖品的时候，也就是物质激励手段退出的时间，我们可以告诉孩子："因为你的努力和坚持，你已经获得了荣誉跟奖品，接下来要一如既往地保持优秀的行为习惯。"

小小的告别仪式，能让孩子感受到整个激励计划的意义，使整个激励机制变得更加富有荣誉性，就像比赛设立的颁奖典礼一样，是付出努力后获得荣誉的见证。

六要定期评估和调整。物质激励手段也存在一些潜在的弊端，家长在使用时需要特别注意。首先，过度依赖物质奖励可能会让孩子形成一种错误的观念，认为他们努力学习和表现出色的唯一目的就是获得物质上的回报。这种观念不仅会削弱孩子的内在动机，还会导致他们在没有物质奖励的情况下失去努力的动力。长此以往，孩子可能会变得对物质奖励过于依赖，甚至在没有奖励的情况下不愿意付出努力。

　　家长要避免过度依赖物质激励手段，不要什么问题都试图通过物质激励来解决。比如，孩子最近沉迷于电子游戏，这个月用物质激励手段减少了孩子玩游戏的时间，下个月不要继续用这一招来改正孩子晚睡、赖床等习惯。用得太频繁容易削弱孩子的积极性，或者导致他们只盯着奖励做事，而不是为了让自己变得更好。

　　家长还需要密切关注孩子的反应和变化，定期评估物质激励制度的效果，看看是否达到了预期的目标。如果发现孩子对物质奖励过于依赖，或者在没有奖励的情况下出现消极情绪，家长应该及时调整激励手段，引导孩子重新找回内在动机。

　　在实际应用中，家长可以将精神激励和物质激励结合起来，根据孩子的个性和需求灵活运用。例如，在孩子完成一项任务后，家长可以先给予口头表扬，然后再根据情况给予适当的物质奖励。这样既能满足孩子对认可的需求，又能避免其过度依赖物质奖励。

　　通过以上方法，家长可以更好地利用物质激励手段，帮助孩子养成良好的习惯，同时避免可能出现的负面影响。重要的是，家长要让孩子明白，物质奖励只是努力过程中的一个附属品，真正重要的是通过努力获得的成长和进步。

善用打卡制度：自律是成功的基石

　　自律不是对自身的束缚，而是为了让自己变得更好，正如我们不应该以自律为目标，而是为了自己的目标而自律。自律是一个人极其珍贵的品质，也是成功的关键因素。家庭教育中，最成功的教育莫过于陪孩子找到正确的方向，然后让孩子自觉朝着这个方向坚持走下去。

　　如何培养一个自律的孩子？很多家长认为，必须严格管控，时刻监督孩子的日常行为习惯。常言道"严师出高徒"，教育孩子不严苛、不管教，孩子是学不会自律的，也难以在未来的生活中取得成功。

　　然而，真正的自律并不是单纯依靠外部的严格管控和监督来实现的。家长要明白自律和他律的区别。自律是指一个人自愿地约束自己的行为，而他律则是指一个人非自愿地受到他人的约束、检查和监督。

一个被监督才学习的孩子，会在监督者退出后，自身呈现极限反弹现象，也就是逆反心理的外在表现。原先所谓坚持自律都是在监督者权威之下的假象，一旦有机会他们就会立即逃离。

例如，只有在父母的监督下，孩子才会完成作业；若缺乏督促，放学后他们只顾着玩儿，将作业抛诸脑后，仿佛脱缰的野马一般，这正是孩子他律行为的体现。如果孩子放学后适当玩一会儿，放松一段时间，然后自己安排时间写作业，不用父母督促就能把作业写完，这才是孩子自律的表现。

习惯于他律的孩子，做事是被动地做，因为他们担心不做会有糟糕的后果。习惯于自律的孩子，做事是主动地做，他们懂得"我知道我需要完成某件事，而且我也愿意完成某件事"。

自律的孩子能够自我驱动，他们不需要外部的强制力量，而是内心真正认同并愿意去完成任务。那么，如何培养孩子的自律性呢？一个有效的方法是借助打卡制度。通过给孩子设定任务目标，并在完成任务后打卡，孩子可以逐渐养成自律的习惯。

许多家长可能会提出疑问："我家孩子天天都在打卡，为什么没有什么效果？"现今，打卡已不再是上班族的专属。在众多小学乃至幼儿园里，孩子需要打卡的内容相当多样：写字、阅读、英语、跳绳、家务……打卡活动五花八门。然而，打卡犹如一把双刃剑，恰当运用能够促进孩子的自律性发展；但若使用不当，不仅无法培养孩子的自律性，反而可能使孩子在应付各种打卡任务时感到身心俱疲。

因此，善用打卡制度，对于家长和孩子来说至关重要。在引导孩子打卡时，我们应该注意以下几个方面。

让孩子主导打卡制度

最为关键的一点是，必须让孩子成为打卡制度的主导者。这意味着，打卡任务必须是孩子自己设定的，而不是由家长强加的。

只有当孩子真正认同这些任务，并且愿意主动去完成时，打卡制度才能发挥其应有的效果，从而真正帮助孩子提升自律性。如果这些任务是由家长强加的，那么孩子在完成这些任务时，只会感到被迫和不情愿，这样打卡制度就无法达到预期的效果。

打卡任务难度适中

打卡任务难度应该符合孩子的实际能力，要对孩子的成长提供实在的帮助。若孩子所设定的打卡任务难度过高，超出了他们的能力范围，即便他们努力尝试，也无法达成目标。这可能会引发孩子的挫败感，导致他们积极性下降，甚至可能使他们选择放弃。因此，家长应当适时提醒和引导，确保孩子能够设定合理的目标。

比如，孩子刚开始接触英语，可以从记忆 5 个或 10 个单词开始，不要一上来就想要背诵长篇对话或整篇文章。

打卡任务时间要合理

在打卡时，最好能将一段时间内孩子的注意力集中在某一个任务上，这样有助于锻炼孩子的专注力。避免让孩子整天都在进行各种打卡任务，因为频繁、多样且碎片化的打卡会使孩子感到疲惫不堪，甚至会让孩子对这些任务产生反感。

据研究，21 天的时间可以帮助人们养成一个新的习惯。因此，建议将打卡任务的时间设定为 21 天，而不是每隔三五天就更换一个新的任务。

通过坚持 21 天的打卡任务，孩子可以逐渐适应新的行为模式，并将其内化为日常生活的一部分。家长也可以通过观察孩子在打卡时的表现，及时发现并解决他们在学习和生活中遇到的问题，进一步提高教育效果。

橙橙的英语成绩总是拖后腿，尽管父母督促她背课文，鼓励她报名参加英语演讲比赛，但她在这些方面表现不佳。父母尝试了很多方法，结果橙橙的考试成绩仍然不理想。橙橙的父母告诉橙橙：英语是很重要的学科，而且学习一门语言，肯下功夫就一定能学好。

父母将这些道理讲给橙橙听，橙橙直接回一句："我又不是外国人，我有自己的母语，为什么要学他们的语言？"

父母继续谆谆教诲："因为你是学生，你的任务就是好好学习，而英语这门学科你回避不了。无论是在中考、高考还是将来的研究生入学考试中，优秀的英语成绩都是一大优势。"

"那我就努力学好其他科目来弥补，反正我不想学英语。"

仔细一问才知道，橙橙原来就读的小学教的英语内容很基础，等中学转到市里了，橙橙的英语基础薄弱就显露了出来。上课的时候跟不上节奏，每次一到英语课的问答环节，橙橙就把头埋到书本里，生怕老师注意到她，点她起来回答问题，同学还笑话她发音不标准，她更不好意思开口说了。

父母强调道："英语不仅仅是一门学科，更是一种重要的工具。将来你出国旅游或者在国内遇到外国人需要交流时，难道你不想流利地对答吗？"

听父母这么说，橙橙有些心动了。尽管她不喜欢学习英语以应对考试，但她对掌握日常英语交流技巧很有兴趣。

通过橙橙与父母之间的对话，我们能够详细了解橙橙在英语学习上面临的挑战。依据这些信息，可以制订出一个适合橙橙的英语学习打卡计划。

明确打卡目标

橙橙在学习英语的过程中，因为受挫而缺乏自信，这导致了她对学习英语产生了抵触情绪。因此，解决橙橙不想学英语的问题的关键在于帮助她重建自信，让她重拾对英语的兴趣。

对此，家长首先需要放下功利的心态，避免用"学好英语就能考高分"这类带有强烈功利色彩的话语来引导孩子学习英语。因为这样的话语只会给橙橙带来压力，让她感到更焦虑。本来她在英语学习上就存在一定的困难，一旦听到这些话，只会让她的自信心受到更大的打击。

通过父母与橙橙的交流，可以发现，尽管橙橙对应试英语不感兴趣，但她对应用英语抱有兴趣。基于此，可以从她感兴趣的实用英语领域着手，为她设定学习目标，以提升实用英语能力为开端，逐步引导橙橙深入学习英语。

评估打卡任务难度

评估打卡任务的难度是否恰当，是一个非常重要的步骤。通过父母与橙橙的交流，我们了解到他们为橙橙安排了背诵英语课文、参加英语演讲比赛的任务。但是，橙橙的能力不足以做好这些事。在课堂上，当老师提出问题时，橙橙的发音也不够标准。所以，这反映出目标难度过高，超出了橙橙当前的能力水平。为了确保打卡任务能够顺利进行，同时又不会给橙橙带来过大的压力，需要结合橙橙的实际能力来设定目标。

当想要达成的目标过大时，可以将目标细分为几个阶段。这样，便能循序渐进地推进孩子的学习进程，避免孩子被庞大的任务压垮。

比如，将橙橙的英语学习打卡任务细分为三个阶段，每个阶段专注于提升特定的方面。在第一阶段，橙橙的任务是专注于音标的练习，提高自己的发音水平。进入第二阶段，橙橙的任务为背诵日常交流场景中的常用单词，以增加词汇量。到了第三阶段，橙橙需要学会一些日常交流场景中的常用对话。将之前学到的词汇和发音应用到实际的交流中，提高口语表达能力。

通过将橙橙的英语学习打卡任务细分为三个阶段，她可以循序渐进地提升自己的英语水平。从音标的练习到词汇量的积累，再到实际对话的应用，每个阶段都有明确的目标和方法。这样的分阶段学习不仅能够帮助橙橙逐步克服学习中的困难，还能够让她在每个阶段都感受到进步和成就感，从而更加自信。

设置打卡时限

在明确了打卡任务之后，务必保证孩子拥有充足的时间去适应并掌握每个阶段的学习内容。在这个过程中，家长应当有耐心，避免急于求成，期望立即看到孩子的改变。

橙橙从开始打卡，到激发内在动力，培养出对学习英语的热爱，再到通过分数体现进步，这需要经历一个过程。

家长不要因为短时间内没看到成果就轻易放弃打卡，改变方法。频繁地改变方法会使孩子感到困惑，失去方向感。

学习是一个长期的过程，需要孩子持续的努力和坚持，而非一蹴而就。

培养自律性的过程中，孩子必定会经历一个难熬的阶段，坚持不是一件容易的事情，需要毅力去克服诸多人性的弱点。但坚持自律的人生，最终收获的必将是一个更加优秀的自我，因为只要朝着一个正确的方向，坚持往前绝不放弃，就一定会通向成功的终点。

附 录

高效的学习方法

写好作文的五个小妙招

不会写作文的孩子遇到的问题多半是：写的时候脑袋空空，不知道写什么，或者想写某件事、某个东西却不知道怎么写。

以下几个小妙招可以帮助孩子应对这些写作难题，使孩子在写作时不再感到无从下手，能轻松地将内心的所思所想转化为文字，写出一篇篇生动有趣的作文。

 先观察后思考

观察比较好理解，就是对日常生活中的人物、事件，花时间和精力去观察其共性和特性。观察了还要去思考，如果不思考，怎么能知道自己要写什么，怎么写呢？当然，思考不是凭空产生的，要从观察中捕捉到某些点去问为什么。

比如，孩子曾因为一篇题为《沿途的风景》的作文而愁容满面，她说："我每天都走过同一条路，那条路就是穿过街道和红绿灯，路程不长，一年四季也没有什么花草植物的风景，不知道有什么好风景可写。"

与其在家里纠结怎样写好风景，不如出去再走一走那条路。

那天傍晚，天还没有黑，我们沿着孩子放学的那条路，慢慢悠悠地走。那时候放学的学生都已经到家，偶尔有一两个晚归的学生锁着眉头，不知是在思考课堂的知识还是课外的游戏。穿过马路后，要路过一片居民区，孩子跟我说，她知道一条"捷径"，那是一个废弃的足球场，地上隐约能看到画线，还有一个破烂的球门，从居民区内部有一个小门钻进去，再从另一个小门钻出来就不用像走大路一样绕弯。

我们在这个足球场停留了一会儿，孩子蹲在地上看斑驳的线，还有杂乱的石头和泥坑，时不时嘟囔一句："没有草坪，踢球会不会不舒服呢？"

我问孩子："有什么想写的素材吗？"

"或许我可以写这个足球场，但我没想好怎么写。"

我说："这里挺大的，怎么没人踢球呢？"

"妈妈，你傻啦，这个足球场一看就是废弃的，当然没人踢球了，不过好好的场地为什么会被废弃呢？"

"你觉得会是什么原因呢？"

"我以前路过这里的时候也想过，可能是因为前面不远有一个免费的体育场，里面可以踢球吧。"

"不如我们去问问这个小区的居民呢？"

"好呀！"

我们问到了原因，这个小区比较老，住在这边的人年纪都比较大，年轻人和孩子不多，踢球的自然就少了，加上旁边新建了体育场，大多数有体育锻炼需求的人都去体育场了，久而久之，这个足球场就成现在这样了。

后来，我们还路过了一条热闹的街道，两边都是小摊贩，孩子笑着说："这里是去年'地摊经济'之后流行起来的，原来是没有人摆摊的。"

"不错啊！连'地摊经济'这个词你都知道，或许你可以跟妈妈科普一下，什么是地摊经济呢？"

"当然了，妈妈。"她开始跟我分享她了解到的关于这个词的起源和发展。

这条十分钟的路，我们走了将近一个小时，打道回府的时候她还从废弃足球场捡了块石头，神秘地说："老奶奶说这里马上要修建一个室外游乐园，我捡这块石头，纪念一下足球场，它马上就要成为历史了，而我是见证过历史的人。"

"我想，你已经知道作文要写什么了。"

"我要把刚才路过的、看到的和我们说的话都写进去。"

"那一定会很有趣的。"

孩子写完作文给我看，她在结尾说："每一段路的风景都将成为历史，我希望在见证它的同时，试着发现它的美好与特别，让沿途的风景留在我的心里。"

 多积累再写作

积累素材，是提升写作能力的方法之一。如何积累素材呢？答案是"去经历"，要走出去，到户外、到人群，去感受不同的人和事，丰富的体验是写作最好的帮手。

父母可以适当组织亲子活动、娱乐项目，让孩子感受到温情的亲子关系。比如，家庭主题活动、周末亲子出游、户外运动等。

孩子曾在某一次考试后跟我说："我感觉我这次作文写得很好，一定能拿高分。"

我问："为什么呢？"

"因为这次的作文题目是'大米的一生'，妈妈你还记得吗，我们有一次周末家庭活动是去观察水稻，还去看了一个纪录片，了解了水稻种植和大米的生产过程。而我的好多同学都不知道大米是怎么来的。"

经历是最好的素材，强化经历过程中的体验感，可以帮助孩子更好地记住这一段过程，将其作为素材积累，并储存在大脑。脑海里有素材，还怕提笔写作无从下手吗？

多阅读，记"金句"

一篇让人眼前一亮的文章，怎么能少了"金句"呢？有的孩子灵感乍现，自己信手就能造"金句"，但光靠灵感是难以应对接连不断的考试与作业的。

要成为"金句"能手，还得多读多记多借鉴。

首先我们都知道，要想作文写得好，课外阅读少不了。那么在看课外书的时候，那些写得特别好的句子，可以让孩子单独摘抄下来，闲暇时拿出来看一看、品一品，仔细分析作者是如何运用语言的，然后尝试着模仿他们的表达方式。当然，模仿不是复制，而是要在理解的基础上进行创新，潜移默化地提高孩子的语感和写作水平，逐渐形成孩子自己独特的写作风格，创作出更多让人眼前一亮的"金句"。

随时记录素材

都说"好记性不如烂笔头"，要想填充丰富的素材库，还得养成随时记录所见所闻的好习惯。这绝对是一个提升作文水平的好方法，一则可以积累素材，二则记录本身就是写的过程，这个过程就能锻炼写作能力。

记录可以用纸笔写下来，也可以用录音记下来，有这个生活习惯的孩子，写作时可以调取素材库中的信息以丰富自己的表达。

看佳作学方法

为什么有很多家长给孩子安排了大量的课外阅读时间，最后却收效甚微呢？一个重要的原因在于，孩子可能尚未掌握阅读技巧，也不懂得如何欣赏阅读内容。

看一篇佳作，不仅是看里面写了什么内容，讲了个什么故事，刻画了什么样的人物或景物，还要看佳作的写作方法、组合框架。这篇文章好在哪里，是立意深刻，还是整体结构优秀、想象力丰富或者金句频出，找到好的点就能理解："哦，原来这种情况用这样的方法写可以更好。如果我遇到类似的情况，可以怎么运用这种写法呢？"

看到任何好的作品，多换位思考。思考作者是如何布局谋篇的，如何巧妙地运用修辞手法，如何通过细节描写来增强文章的感染力。

通过这样的分析，孩子不仅能够学习到写作技巧，还能体会到作者的情感和思想，从而在自己的写作中融入更多深层次的元素。

学好数学的科学方法

数学家克莱因说："数学是一种理性的精神，使人类的思维得以运用到最完善的程度。"

数学是很多人最早接触的学科，更是贯穿我们一生的重要学科。在数学的学习过程中，孩子将体验从具体到抽象的转变，从简单的加减乘除到复杂的代数几何，每一步都需要他们具备扎实的基础知识和灵活的思维方式。

通过不断地学习和探索，孩子不仅能够掌握数学这门重要的学科，还能培养出严谨的逻辑思维能力和解决问题的能力。因此，学好数学不仅仅是为了应对考试，更是为了培养孩子的综合素质。

夯实基础知识

面对低年级的孩子，学数学思维可以多结合实际生活，让孩子切身体会到数学对生活的作用，比如用数学来计算数量、做统计、算概率、算体积、算速度、算时间等。

这个阶段学数学最重要的技巧，就是将数学的思维应用到生活中。孩子看到数学的作用，体会到数学的奥妙，才能产生兴趣，打开通向数学的大门。

学数学最重要的就是基础知识要扎实，前期用兴趣敲开了基础的大门，等到高年级学起概念、法则、公式、定理也就水到渠成了。

有效刷题

基础知识扎实的孩子，进入高年级后基本可以听懂老师课堂上讲的知识，拉开数学成绩差距的重点在于对新知识点的掌握程度。

学习数学没有什么速成的诀窍，刷题是一个常用且有效的方法。

刷题的底层逻辑就是调用知识来执行做题，通过不断练习来巩固，直到完全掌握知识。刷题最重要的点在于发现每个环节的不足，然后优化不足。我们看到很多同学刷题的效果不佳，问题可能就出在忽视了优化不足这个环节。

如何优化不足？这需要在做完题目之后分析题目，如果做错了，分析错的原因，是知识点理解不够，还是解题流程不对，找出具体的问题，逐个解决，优化下一次的做题过程，这个过程也被称为复盘。学习数学乃至任何学科，复盘思维都是提升能力的关键因素。

记忆类：超强记忆法分享

　　除了极个别天才，人与人之间的智商并没有太多差别，学生在成绩上的好坏，在某种程度上是由记忆能力决定的，良好的记忆力能够让读书事半功倍。

　　大脑对记忆的处理过程很复杂，接收信息之后要转化成神经信号进行传输，信息被编码后就可以存储在大脑的神经元和突触中，在反复激活加强神经连接的过程中，可以将记忆长期存储在大脑神经网络。当我们再次回想经历过的事件时，大脑会提取储存过的记忆，并将编码信息还原成可识别的内容，让我们可以回忆起当时的事情。这就是大脑记忆的过程。

　　记忆的处理主要涉及三个系统：反射脑、思考脑和存储脑。反射脑负责处理条件反射和镜映能力，帮助我们快速响应外部信息；思考脑则专注于抽象思维和刻意练习，对记忆产生有意识的影响；存储脑则在空闲时整理和巩固记忆。

大量研究证明，人的记忆力不是凭空得来的，记忆的效率和容量是可以通过方法和技巧提升的。分享几个高效率的记忆方法。

归类记忆法

将所学的全部单词进行归纳、分类、整理，比如按照同音词、形近词、同义词、反义词等进行归类。

归类记忆法在背英语单词方面效果很好，使用方式通常是按照词根、词缀、同义词、反义词等方式归类，可以更快速地记忆和理解单词。

这和物品分门别类地归纳整理的逻辑是类似的。把同一类的东西放在一起，比如将日用品、衣物、文具、书籍、零食分类放置，当我们想要某个东西时就去这个类别里找，这样要比从一堆杂乱无章的东西里找难度低很多。

联想记忆法

利用识记对象与客观现实的联系、已知与未知的联系、材料内部各部分之间的联系来记忆。联想记忆法有多种形式，包括接近联想、类似联想、对比联想等。

一般来说，接近、相似、相反的事物容易让人产生联想，比如记忆历史年表和对应发生的历史事件，可以通过接近和相反的联想来记忆，秦始皇统一六国、建立秦朝的时间是公元前 221 年，由此可以同时记忆秦朝灭亡时间，公元前 207 年秦朝灭亡，享国 15 年，因为秦朝结束了自春秋起 500 多年的分裂割据，所以被称为中国历史上第一个统一的、多民族的、中央集权制王朝。秦朝灭亡之后是汉朝，那我们又可以联想到汉朝的建立者刘邦，刘邦称帝前最大的军事敌人是项羽，他们之间又发生了些什么故事呢？

一步步联想事件，再结合时间点，要是事件本身富有趣味性，那记忆会更深刻。

提纲记忆法是根据心理学原理和客观事物发展规律总结出来的，适用于记忆篇幅较长的内容，比如需要大篇幅背诵的政治、历史一类。这个方法需要学习者积极思考，简化提炼内容主题，深度理解内容含义。

首先，阅读理解完所有内容，对其进行分析排序，掌握整体内容的主线脉络；然后，通过概括凝练，找出重点、难点、类型、主要情节，以列提纲的方式记录下来。

情绪记忆法

每个人都有情绪记忆能力，只是强弱不同，我们可以明确分辨的是，很多时候想记住一个知识点要花费很多时间和精力，但是那些引起情绪反应的事情却可以轻而易举地被记住。

情绪会影响人的学习、记忆和处理能力。如果我们将要记忆的内容和情绪结合起来，那么记忆的效率就会提高很多。

> 我读书时觉得《出师表》难背，后来着重设想了诸葛亮出师伐魏前诸多担忧，对后主刘禅表忠心的画面，内心既敬佩又惋惜，他辛辛苦苦谋划，在《出师表》中陈述出战利弊，反复诉衷肠表忠心，如果当时扶持的是一位明主，结局是否会不一样？
>
> 通过这种情感投入，我开始更加深刻地感知人物的内心世界，觉得他写下的文字没那么晦涩难懂了。一晃十几年过去，我还能记得《出师表》中的大部分内容。

顺口溜记忆法

对于大部分人来说，容易记忆的都是那些生动形象、有趣的事物，顺口溜就是其中一种，简化了内容又顺口有趣。

比如我当年是靠背口诀记忆历史朝代的顺序：

三皇五帝夏商周，

春秋秦汉三国休，

两晋南北隋唐休，

五代宋元明清民。

用这个方式可以很快按时间顺序把朝代背下来。

又如二十四节气歌：

春雨惊春清谷天，

夏满芒夏暑相连。

秋处露秋寒霜降，

冬雪雪冬小大寒。

值得注意的是，对一些复杂或抽象的信息，可以多种记忆法组合使用。孩子特性不同，每一种记忆法的有效程度也会有差异。记忆方法有很多种，有的记忆法掌握起来有一定难度，在不同的年龄阶段可选择的方法也不同，这需要家长和孩子在实践中摸索出最适合的方法。

后　记

有一句话让我感触很深：用一瓶矿泉水，却想浇灌出一棵参天大树。

如果你什么都不做，就别怪孩子一事无成；如果你什么都不教，就别怪孩子不够优秀；如果你看到别的孩子品学兼优，请看看他背后的父母付出了怎样的心血，是如何坚持做好每一桩培养孩子的小事。

养育养育，养而不育是父母失责，躲在自我认知的舒适圈里教育孩子，也不是明智的选择。高明的父母，陪孩子一起成长，在孩子成长的过程中不断学习，教育孩子也教育自己。

每个人都不是天生就会做父母的，有了孩子以后，却总是教育孩子：这个怎么做，那个不可以。但父母认知的对错就是真正的对错吗？教育是一个长期、复杂而多变的过程，我们不仅是家庭教育中孩子的老师，也是一个需要不断学习的教育践行者，学习如何自我提升，如何教育孩子，如何才能找到更正确的教育方法。无论家长想对孩子传达怎样的认知，必须承认孩子先是一个独立的个体，然后才是一个学习者。

教育心理学家布鲁纳说："孩子能够学会任何知识，关键在于形式。"这个意思是不管多深奥的知识内容，只要教育形式对了，孩子能够理解，就能够有效地吸收和掌握这些知识。他认为学生是学习的主人，教育者应该引导学生主动去探索知识，而不是被动地接受知识。

在家庭教育的"教"与"学"中，真正难做好的是"教"，正确的教育形式不是方法论里一概而论的对错，而是针对不同阶段、不同特性的孩子总结归纳的不同教育方法，这需要家长深入了解孩子，在了解的过程中不断提升自己的教育实践能力，用正确、合适的方法去激发孩子的求知欲、好奇心。